editorialSol90

图说人类文明史
美索不达米亚

西班牙 Sol90 出版公司 编著

同文世纪 组译 袁茹岚 译

中国农业出版社

农村读物出版社

北 京

图书在版编目（CIP）数据

图说人类文明史. 美索不达米亚 / 西班牙Sol90出版
公司编著；同文世纪组译；袁茹岚译. — 北京：中国
农业出版社，2024.9
　　ISBN 978-7-109-28475-3

　　Ⅰ. ①图… Ⅱ. ①西… ②同… ③袁… Ⅲ. ①文化史
－美索不达米亚 Ⅳ. ①K12

中国版本图书馆CIP数据核字(2021)第132344号

GRANDES CIVILIZACIONES DE LA HISTORIA

Mesopotamia

First edition © 2008, Editorial Sol90, Barcelona
This edition © 2020, Editorial Sol90, Barcelona, granted in exclusively to China Agricultrue Press for its edition in China.
www.sol90.com

Author: Editorial Sol90

Based on an idea of Daniel Gimeno
Editorial Management Daniel Gimeno
Art Direction Fabián Cassán
Editors 2019 Edition Joan Soriano, Alberto Hernández
Writers Juan Contreras, Gabriel Rot
Research and Images Production Virginia Iris Fernández
Proofreading Edgardo D'Elio
Producer Marta Kordon
Layout Luis Allocati, Mario Sapienza
Images Treatment Cósima Aballe
Photography Corbis, Science Photo Library, Getty, Sol90images
Illustrations Dante Ginevra, Trebol Animation, Urbanoica Studio, IMK3D, 3DN, Plasma Studio, all commisioned specially for this work by Editorial Sol90.
www.sol90images.com

图说人类文明史

美索不达米亚

First edition © 2008, Editorial Sol90, Barcelona
This edition © 2020, Editorial Sol90, Barcelona, granted in exclusively to China Agricultrue Press for its edition in China.
All Rights Reserved.

中国农业出版社出版
地址：北京市朝阳区麦子店街18号楼
邮编：100125
项目策划：张志 刘彦博　　责任编辑：黎思玮　　责任校对：吴丽婷　　责任印制：王宏
翻译：同文世纪 组译 袁茹岚 译　　审定：王新雪　　丛书复审定：刘林海　　封面设计制作：张磊　　内文设计制作：赵永斌
印刷：鸿博昊天科技有限公司
版次：2024年9月第1版
印次：2024年9月北京第1次印刷
发行：新华书店北京发行所
开本：889mm×1194mm　1/16
印张：6
字数：200千字
定价：98.00元

图说人类文明史

美索不达米亚

目 录

前言：底格里斯河与 幼发拉底河

下图在苏萨古城发现的陶杯。该城曾开办了一所陶艺学校，专门用细黏土制作各种器皿，其表面抽象的图案和装饰元素别具一格。

人类文明从最后一个冰河时期到古希腊时期大放异彩，而近东和中东一直是这一时期世界文明发展最先进的地区之一。受益于底格里斯河与幼发拉底河的浇灌，这里土壤肥沃，因此一些村民不再狩猎、采集，开始从事农业生产。他们走出洞穴或帐篷，开始搭建围墙、屋顶，甚至整栋房屋。随着定居人口的不断增加，最初的城市逐渐形成。与此同时，人们信奉的神祇也"离开"森林和山峰，"住进"了神殿，神职人员随之诞生，人类开始使用金属并发明了文字。生产力的发展导致社会阶级分化越发显著，权力架构日益复杂，新的治理形式不断出现，城邦、王国和帝国应运而生。进入割据扩张时期后，这些政治实体开始将触角伸向美索不达米亚平原以外的村落，战争随之爆发。与此同时，贸易飞速发展，文化交流也不断得到加强。

这一过程从开始到结束，长达一万年，那时，亚历山大大帝（Alexander the Great）已经开始四处征战，马其顿帝国也逐渐崛起。尽管在此期间底格里斯河与幼发拉底河流域产生的一切文明统属于"美索不达米亚文明"，但要记住，在这片广袤的土地上，各种文化之间存在巨大差异，其中每一种文化都值得我们每一代人深入挖掘与探索。在美索不达米亚历史上留下印记的民族、城镇和王国数不胜数，它们的文化甚至辐射到了全世界。哈苏纳、萨马拉、哈拉夫、欧贝德、乌鲁克、苏美尔、迦勒底、阿卡德、乌尔、亚述、埃兰、

巴比伦……这些名称与技术、
文艺和宗教世界观的进步与发
展有着千丝万缕的联系。从对犬
类和马匹的驯养、轮子的发明与应
用、烧砖与制陶技术的完善，到象
形文字向表意文字的转变、泥板文书
的诞生以及塔庙、宫殿和城墙的建造，
美索不达米亚文明推动了人类文明向前迈
出了巨大的一步。此外，美索不达米亚还是
一神教的摇篮。从某种程度上讲，这种"一
神教"的理念超越了一切宗教或神学的主张，
它是将宇宙、世界和全人类视为一个整体的
初次尝试。

右图为一幅亚述浮雕的细节图，
该浮雕可追溯到前 2000 年。

概述：肥沃而神圣的土地

　　作为"两河之间的土地"，美索不达米亚不仅是轮子、金属器具和文字等伟大发明的摇篮，也是混沌神话、创世神话，以及大洪水等传奇神话的诞生地，更是将全人类囊括其中的"一神教"世界观的发源地。因地处亚洲和地中海东岸之间，地理位置优越，美索不达米亚历来都是兵家必争之地，战乱频发，但这里同时也是贸易与文化交流的枢纽。可以说，美索不达米亚为世界文化的繁荣做出了卓越的贡献。◆

美索不达米亚

尼尼微

亚述

阿淑尔城

埃什南纳

阿卡德

幼发拉底河

巴比伦　基什

马里

斯芬克斯

　　艺术史学家普遍认为，斯芬克斯（Esfinge），这个在古埃及、古希腊、古罗马以及中世纪恶魔学中都存在的形象源于亚述雕塑（见左图）。事实上，亚述人雕刻的斯芬克斯融合了人类和动物的部分特征，比如，鹰的翅膀和牛的身体等。这一形象象征着亚述国王至高无上的权力。

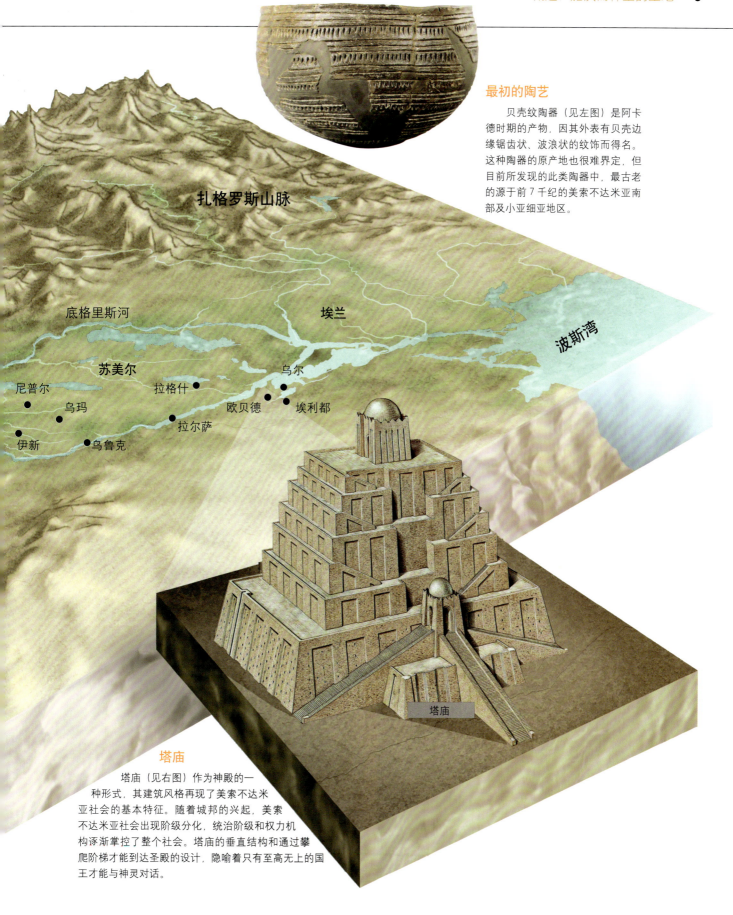

最初的陶艺

贝壳纹陶器（见左图）是阿卡德时期的产物，因其外表有贝壳边缘锯齿状、波浪状的纹饰而得名。这种陶器的原产地也很难界定，但目前所发现的此类陶器中，最古老的源于前 7 千纪的美索不达米亚南部及小亚细亚地区。

扎格罗斯山脉

底格里斯河

埃兰

波斯湾

苏美尔

尼普尔

乌玛

拉格什

乌尔

欧贝德

埃利都

伊新

乌鲁克

拉尔萨

塔庙

塔庙

塔庙（见右图）作为神殿的一种形式，其建筑风格再现了美索不达米亚社会的基本特征。随着城邦的兴起，美索不达米亚社会出现阶级分化，统治阶级和权力机构逐渐掌控了整个社会。塔庙的垂直结构和通过攀爬阶梯才能到达圣殿的设计，隐喻着只有至高无上的国王才能与神灵对话。

历史和社会组织

历史和社会组织

从城市到帝国

公元前 12 千纪至公元前 10 千纪，托鲁斯山脉和地中海东岸地带以狩猎、采集为生的部族开始发展农业与畜牧业。这一转变在前 10000－前 8300 年的叙利亚、黎巴嫩，以及巴勒斯坦地区尤为突出。经过前 9300－前 4400 年，近 5000 年的发展，新石器时代早期的生活模式已在这些地区占据了主导地位，甚至影响到了底格里斯河与幼发拉底河两河流域的周边地带，包括安纳托利亚高原和扎格罗斯山脉地区。

❖ 古巴比伦时期**儿童的玩具车**（下图），可追溯到前 1900－前 1600 年。

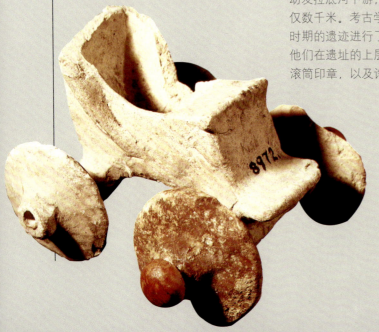

前 6000 年至前 5000 年，美索不达米亚北部地区进入新石器时代。与此同时，其农业与畜牧业也逐渐发展成熟。最初在小部分地区投入使用的新生产技术也普及到美索不达米亚腹地。技术的广泛使用不仅促进了农业发展，也推动人类实现定居生活，进而加速了城市的出现。该时期最独特的文化是哈苏纳－萨马拉文化（前 5000－前 4500 年），以及哈拉夫文化（前 4500－前 4000 年）。

苏美尔

前 4 千纪中期，村落最终被城市取代。这一时期最重要的考古发现集中在乌鲁克古城。乌鲁克古城位于幼发拉底河下游，与欧贝德遗址相隔仅数千米。考古学家对该城区乌鲁克时期的遗迹进行了极为深入的研究。他们在遗址的上层地层中发现了立体滚筒印章，以及许多石碑和泥板，上面刻有最古老的象形文字。此外，在该地层还发现了金属，特别是大量的铜。乌鲁克末期，人们便开始在纯铜中加入砷或锡，由此生产出最早的合金——青铜。

在乌鲁克大大小小的发明中，改变陶轮的发明与使用最具代表性，取代了过去的制陶方式。陶轮的出现满足了批量生产陶瓷片的需求，尽管此前的陶瓷生产就已经饱和并成功刺激了贸易的发展。随着"陶轮"的应用，车轮最终出现在历史舞台上，不仅推动了货物运输方式的变革，更在战争中发挥了重要作用。

这些先进的生产生活工具在整个地区广泛传播，包括叙利亚北部、如今的土耳其，还有苏萨（位于现在的伊朗），尤其在美索不达米亚南部传播速度最快，最深入，为苏美尔文明的发展打下了坚实的基础。

苏美尔文明被誉为世界上最古老的文明。但是，苏美尔人究竟来自何方目前尚无定论。相关学者普遍认为，乌鲁克时期的文明在苏美尔未出现文化中断现象。因此，在苏美尔的形成与发展过程中，并不存在入侵或移民等重大的外部干扰因素。在阿卡德语中，苏美尔地区又被称为"苏美里"，或"苏美尔的土地"。

❖ **乌尔古城中塔庙的石砖阶梯**　人们通过该阶梯可登上塔庙顶端的圣殿，在圣殿中举行最重要的宗教活动。

❖ **手工制造的黏土陶罐** 周身饰有抽象的纹样，可追溯到前 4000 年至前 3000 年，考古学家推测其出于埃兰。

前 2900 年前后，取代了乌鲁克文化的捷姆迭特·那色（Jemdet nasr）文化走向灭亡。时代的更迭并不意味着与前一时期的文化彻底断绝，相反，它会推动上一时期的文化基本特征传播，使其扩散到"新月沃土"的其他地区。这也解释了哈布尔河谷平原与底格里斯河和幼发拉底河流域北部地区城邦的兴起。整个美索不达米亚和叙利亚部分地区都经历了这一进程。

城市的发展

城市的发展伴随着文字作用的巨变：文字从在行政与技术领域发挥作用转为巩固社会意象。事实上，文字逐渐在石碑、纪念碑和神殿中占据了突出的地位，并最终成为保存历史记忆和宗教世界观的载体。据专家证实，宗教正是在这一时期登上了历史舞台。

城市形成后，人们开始大量建造宫殿与城墙。各城邦或部族为征服新市场而展开的军事活动已成为他们发展的一部分，这也导致对战争的技术的财政投入日益增加。

儿童是保护神

埃利都是欧贝德时期（公元前 4000 年至公元前 3300 年）的一个城邦。考古学家在其遗址的矿层中发现了一个墓葬群，里面有 200 多个坟墓。坟墓位于地下，衬有成排的烧结黏土砖。被葬者仰面而躺，头朝西北方。在一些墓穴中，人们发现存在一个墓穴葬有两具骸骨的情况，很有可能是夫妻同葬。在其中的两个墓穴中，考古学家还发现了珠宝、罐子、杯子、盘子，甚至还有狗的骸骨，这说明当时的人们相信死后存在另一个世界。在一具女性骸骨的头骨附近还发现了一个雄性动物形象的陶俑，陶俑的头呈蜥蜴状。各个墓穴中发现的物品基本类似，由此表明，这里不存在较大的社会阶级差异。然而，不排除统治阶级被埋葬在其他地点的可能性，就像在其他遗址中发现的儿童被埋葬在住所下一样。当时的人们可能将儿童视作保护神。

❖ **新石器时代的石臼** 发现于迦南地区。当时的人们用这个石臼（见右图）将谷物磨成面粉。

阿卡德人与闪米特人

尽管考古学家已经发现了苏美尔王表，但人们对这一时期的历史仍然知之甚少。苏美尔王表中记录的王国及其对应的时期十分矛盾。其中，大多数国王甚至来源于神话而非现实世界。自前 17 世纪起，王表的编撰也许只是为了满足统治者的愿望。相比于真正的身世，国王更希望赋予其血统一个史诗般的起源。

❖ **萨尔贡大帝** 阿卡德帝国的国王之一。他统一了整个美索不达米亚，建立了阿卡德帝国（右图是萨尔贡大帝宫殿的浮雕细节图）。

事实上，人们确实了解关于这个时期的一些历史事实。秃鹫碑上就雕刻着乌玛国王与拉伽什国王的一次领土争端。两座城邦经历一段时间的衰败后，乌玛王国的新统治者卢伽尔扎吉西（Lugalzagesi）率军征服了拉伽什，统一了苏美尔并开始向地中海地区扩张。

但是，乌玛霸权并未持续很长时间。前 2385 年前后，即卢伽尔扎吉西

乌尔塔庙

❖　❖　❖

乌尔古城最突出之处便是它的圣地。人们在那里建立了塔庙，其遗迹修复后可从塔庙上俯瞰整座城市和南纳庙。这些建筑都是在"乌尔第三王朝"时期建造的。这里居住着女祭司恩图（Entu），还有南纳（Nannar）的妻子宁迦尔（Ningal）。从乌尔纳姆（Ur-Nammu）时期开始建造，到其子舒尔吉（Shulgi）时期完成，乌尔塔庙可大致分为三层，其最顶端矗立着圣殿。但是，连年入侵使塔庙遭到破坏。1500 年后，那波尼德（Nabónido）将其修复至七层高，用于祭祀月神。

统治期间，萨尔贡夺得基什王国的政权并建立了阿卡德王国。"萨尔贡"是闪米特人的姓名，在阿卡德语中意为"真正的王"。专家推测，闪米特人可能来自阿拉伯地区，前 3000 年后逐渐开始在美索不达米亚地区定居。到萨尔贡时期，闪米特人已经占据了基什等北部城市。

萨尔贡上台后建立了新的都城，并将其命名为"阿卡德城"（其具体位置目前尚未发现）。随后便开始南征北战，征服了苏美尔与埃兰诸城，并击败卢伽尔扎吉西，夺取了乌玛政权。前 2370 年前后，萨尔贡成功统治了美索不达米亚的其他地区，包括幼发拉底河河谷、哈布尔河上游地区、迪亚拉以及安纳托利亚地区。就这样，萨尔贡成为历史上首位统一整个美索不达米亚的国王。正因为如此，萨尔贡成了历代君主的榜样，激励着他们建立广泛的统治，打造属于自己的帝国。

然而，萨尔贡死后，被其征服的城市纷纷爆发叛乱，反抗阿卡德的统治。对此，其子里姆什（Rimush）进行了残酷镇压，但却最终丧命。之后，里姆什兄长玛尼什吐苏（Manishutusu）继位，很快也惨遭暗杀。

尽管如此，在萨尔贡之孙纳拉

❖ 亚述王**阿淑尔纳西尔帕二世**（Asurna-sirpal Ⅱ）指挥了多次战役，并将其帝国版图扩张到地中海地区。得益于适当的对内政策，他在位时，亚述帝国达到了鼎盛期。

姆辛（Naram−Sim）的统治下，还是将阿卡德帝国版图扩张至最大：阿勒颇（位于如今的叙利亚境内）、黎波里（位于如今的黎巴嫩海岸）、苏萨以及安纳托利亚高原均被纳入其疆土。然而，纳拉姆辛未能征服古提人。他们生活在扎格罗斯山脉一带，不断地从那里进攻河谷地区。

纳拉姆辛死后，其子沙尔卡利沙利（Sharkalisharri）继位，之后便遭遇了新的困境：埃兰叛乱，阿摩利人也多次入侵。前 2230 年左右，游牧民族古提人发起新一轮攻击，不仅攻占了都城阿卡德，还将其摧毁。最终，阿卡德王朝彻底瓦解。

尽管历经盛衰，但萨尔贡大帝建立的阿卡德王朝可以说是历史上第一个帝国。在其称霸期间，阿卡德人不仅传播了阿卡德语，还采用了苏美尔人发明的楔形文字。

阿卡德没落后，整个地区的各城邦都由游牧民族古提人统治。苏美尔编年史中不乏对古提人的负面评价，将其称为"野蛮的部落"或"山上的动物"。然而，这些记载或许对事实有所夸大。众所周知，当时的一些城市艺术发展十分繁荣。以拉伽什古城为例，尤其在古地亚（Gudea）统治时期，艺术发展达到鼎盛。除了具有较高的艺术性，拉伽什时期的作品还使用了来自遥远地区的材料，这也表明商业运输活动的存在以及交流路线的扩展。

亚述帝国

最终，亚述人实现了建立帝国的宏伟计划。亚述帝国的势力从美索不达米亚西北部向整个区域扩张，其最重要的城市阿淑尔城位于底格里斯河沿岸。

亚述人擅长农耕和畜牧，不仅掌握了编织技术，还会利用黑曜石与燧石制造所需工具。此外，他们的制陶工艺也十分纯熟。他们建立了由步兵和骑兵组成的军队，并使用铁质武器，增强了军队的战斗力，使亚述成为一个实力与日俱增的权力中心。周边小国只能选择俯首称臣，定期缴纳大量的金银玉石作为贡税。

亚述军队以其好战的性格和强大的军事实力著称。他们四面出击，使亚述帝国的领土由凡湖（位于亚美尼亚）扩张至地中海迦南沿岸。国王阿萨尔哈东（Asarhaddón）入侵古埃及，占领了其都城孟菲斯。其子亚述巴尼拨（Asurbanipal）继续远征：占领了底比斯，还攻打了苏萨（如今的伊朗）。然而，常年的战争和北方部族斯基泰人的持续威胁不断消耗着亚述的国力。最终，亚述帝国的最后一任国王亚述乌巴立特二世（Assur−Uballit Ⅱ）惨败给米底和巴比伦联军，盛极一时的亚述帝国就此灭亡。

奥克瑟斯宝藏遭缓慢掠夺

一切的发生宛如一个故事。1800年5月，阿富汗尚处于大不列颠统治之下，三个商人在这里遭到了强盗的洗劫。其中一个仆役得以逃脱，并向伯顿将军 (F.C. Burton) 汇报了情况。伯顿将军随即展开了搜索。经过艰难的追捕，终于在午夜将强盗抓获。将军说服强盗返还商人的全部物品以换取自由。商人们透露，那些装满手镯、小雕像、杯子、项链以及无数珠宝的袋子是在奥克瑟斯河岸（如今的阿姆河）"发现"的。为表示谢意，他们赠予伯顿将军的妻子一枚手镯。随后，他们前往拉瓦尔品第（位于如今的巴基斯坦东北部），并在那里把所有的财宝卖给了英国陆军少将、印度考古局局长亚历山大·卡宁厄姆 (Alexander Cunningham)。卡宁厄姆又将其转卖给"美索不达米亚物品收藏家"奥古斯塔斯·弗兰克斯爵士 (Sir Augustus Franks)。1897年，弗兰克斯死后，由于没有继承人，其财产被大英博物馆悉数接收，纳入其藏品之中。藏品维护人指出，这批珍宝是美索不达米亚艺术的重要样本之一，其中包含150多件文物以及大约1500个阿契美尼德时期的金币，均可追溯到前200年。然而，谁也不知在这段曲折的路途中究竟丢失了多少财宝。

❖ 在塔赫提库瓦德（位于如今的塔吉克斯坦）发现的一件**金制马车模型**。作为奥克瑟斯宝藏的一部分，它的历史价值难以估量。

加泰土丘

几个世纪以来，安纳托利亚一直被视为美索不达米亚的附属地区。随着20世纪50年代一些考古遗迹（如加泰土丘）的发现，人们开始将安纳托利亚视为新石器时代的原始文明中心之一。加泰土丘占地13公顷，考古学家在此挖掘出许多壁画和房屋构件，证明了这里曾是人类定居点，这一发现着实令人惊叹。加泰土丘是近东地区最大的新石器时代遗址。从1993年开始，一支国际考古队对此遗址进行再次挖掘，这样的考古挖掘工作一直持续到今天。◆

神殿 一些场所内设有祭坛模样的平台，以及各种装饰用的小雕像（见上图），因而被视为神殿。

加泰土丘定居点的复建模型

繁荣富饶的村落

前7000年左右，加泰土丘就有村落聚集。这一人类定居点由两座山丘组成，迅速发展壮大，成为一片富饶、繁荣之地。该遗址高15米，由新石器时代的沉积物堆积而成，分为14个考古地层。编号 II 至 VIII 的地层可追溯到前7000年，与巴勒斯坦地区的前陶新石器时代同属于一个时期。

织物与毛皮 晒干的毛皮和织物上往往都带有石头或木头印记，以此标示所有者的姓名。

垃圾场 考古学家在此发现了动物的残骸、破损的器具等，由此推断该区域是垃圾投放点。

真正的房屋 墙壁由混合泥土和稻草的砖坯建成，有的房屋还用柱子进行了加固。屋顶由木梁制成，上面用芦苇覆盖。有些木梁就搭建在柱子上。

最初驯养的动物

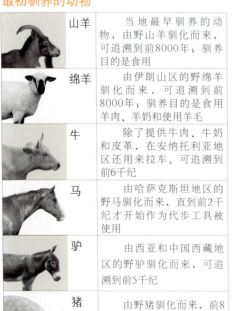

山羊	当地最早驯养的动物，由野山羊驯化而来，可追溯到前8000年；驯养目的是食用	
绵羊	由伊朗山区的野绵羊驯化而来，可追溯到前8000年；驯养目的是食用羊肉、羊奶和使用羊毛	
牛	除了提供牛肉、牛奶和皮革，在安纳托利亚地区还用来拉车。可追溯到前6千纪	
马	由哈萨克斯坦地区的野马驯化而来，直到前2千纪才开始作为代步工具被使用	
驴	由西亚和中国西藏地区的野驴驯化而来，可追溯到前5千纪	
猪	由野猪驯化而来，前8千纪开始在土耳其东南部被广泛饲养	

人口定居图 众所周知，村落内的居民主要以农耕为生，同时他们还采集黑曜石，与其他地区的人进行贸易往来。考古学家在该遗址的墙壁上发现了一幅人口定居图（见右图）。

农作物

考古学家在遗址中发现了一些烧焦的农作物残骸，由此证实当时的主要作物是小麦、大麦和豌豆。此外，还有少量的小扁豆、角豆、苹果和开心果。

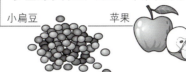

小扁豆　　　苹果　　　小麦

防御体系 为了抵御潜在的袭击，所有住所的入口均设在屋顶，居民通过楼梯与他人和外部世界保持联系。

石斧 磨制的石斧是新石器时期最重要、最具代表性的工具，用途十分广泛：可以用来粉碎谷物、砍伐树木，也可作为武器使用。

粮仓 除了日常使用的一些陶器，储藏室中还有用于存放谷物的粮仓。每逢旱灾或遭遇敌军围攻，粮食储备至关重要。

墓穴 当时的人们一般会将死者放置在住所外的空地上，待其肉体腐烂后，再将其骸骨埋葬在房屋内的平台下。当地的居民可能相信人死后尚有来生，因此才会特意保存好死者的头骨（见左图）。

牲畜圈 当时的院子多用来圈养牲畜。同小麦、大麦一样，绵羊和山羊肉也是加泰土丘居民的主要食物。

长达 15 个世纪的人类定居点

尽管占地广阔（总占地面积约 13 公顷），但加泰土丘并不是一座城市，更像是临时搭建的民居，因为它不符合城市规划。房屋一间叠一间，其中一间倾倒，就在其上方再建一间。就这样，经过 1500 年的时光，最终形成了不同的定居层。

公元前5720年
公元前5750年
公元前5790年
公元前5830年
公元前5880年
公元前6000年
公元前6200年
公元前6380年
公元前6500年
公元前7200年

最初的进程

人们将位于底格里斯河与幼发拉底河流域之间的近东地带称作美索不达米亚。但美索不达米亚实际上还包括河流沿岸的土壤肥沃地区，即如今的伊拉克境内的非沙漠地带。前6000－前5000年，得益于肥沃土壤的滋养，美索不达米亚地区的农业和畜牧业得到进一步发展。当地的人们结束游牧生活，开始定居，在美索不达米亚这片土地上创造文明奇迹。新的生产技术不断发展、传播，并被其他部族采用。可以说，这片肥沃的土地不仅滋养了茂密的谷物和成群的牛羊，更孕育了城市和新的信仰。◆

哈拉夫文化的影响　从美索不达米亚一直延伸至地中海东部，以及安纳托利亚南部地区（上图为哈拉夫时期的陶盘）。

马里古城邦大臣塞林（Selin）的雕像，可追溯到公元前3千纪

苏美尔人的到来

从苏美人对自己的描绘可以看出，他们身材矮小，头圆，嘴唇丰满，眼眸深邃，鼻子大。每次外出他们都剃须刮面，身穿传统的羊毛长袍。苏美尔文明被誉为是世界上最古老的文明，但其发祥地目前尚不确定。考古学家推测，苏美尔人因放牧才逐渐迁徙到美索不达米亚地区，并非受到了其他部族的驱赶。

新型交通工具　苏美尔人最先将轮动原理应用到运输工具上，他们发明的车辆多由亚洲野驴牵拉（左图为阿摩利人统治时期用黏土制成的车辆模型，可追溯到前2000年）。

苏美尔人的艺术

镶嵌艺术——马赛克

苏美尔人将小黏土锥钉入黏土层，露在外面的彩色锥顶便形成了马赛克（右图为乌鲁克时期伊安娜神庙中的马赛克图案）。

肥沃的土地

苏美尔人的生活受农业生产周期的影响（右图为调节土壤肥力的欧贝德女神雕像，前4500年）。

陶轮的发明

欧贝德时期，生活在美索不达米亚地区的人们最先开始使用旋盘制陶（右图为前4500年当地生产的陶器）。

乌鲁克遗址图，位于今天的伊拉克

乌鲁克，吉尔伽美什所统治的城市

乌鲁克是苏美尔古城之一，坐落于幼发拉底河东岸。该城鼎盛时期疆域达6平方千米，有5万至8万人口，是当时最大的人类定居点，也是世界历史上最早的城市之一。据称，乌鲁克第五任国王吉尔伽美什（Gilgamesh）下令修建了城墙。他是苏美尔史诗中的传奇人物。

神庙中的文献 新巴比伦时期的乌鲁克伊安娜神庙中保留了大量文献，其中记载着该神庙曾是物资的再分配中心，发挥了重要的社会功能。在饥荒时期，每个家庭都要奉献出一个儿子来看管和维护神庙。

区域联系

苏美尔农民普遍选择在田地附近用泥土和芦苇筑成房屋，与驯养的牲畜一起居住。而那些富人则会居住在城市中心。在那里，一户挨着一户，形成了狭窄的小巷。苏美尔城邦中的居民大都来自同一地区，并非因家族关系聚集在一起。这也是同时期其他城镇或村落的典型特征。

不同版本 根据苏美尔国王表的记载，乌鲁克由国王恩美尔卡（Enmerkar）建立。然而，根据《圣经》（《创世记》10:10）的记载，乌鲁克可能是神话人物宁录（Nimrod）建立的第二座城市。

❖ 始于前3千纪的圆形房屋

考古情况 第一次世界大战前，由德国人朱利叶斯·约丹（Julius Jordan）率领的考古队伍对乌鲁克遗址进行了首次挖掘。这支考古队伍于1928年重返遗址，再次进行发掘，直至1939年。1954年，在海因里希·伦岑（Heinrich Lenzen）的指导下，对该地进行了大规模挖掘。

苏美尔诸城

在游牧民族转向定居生活而发展农业的过程中，乌鲁克文化的进步波及美索不达米亚的其他地区，苏美尔文明由此诞生。农业生产新技术的应用促进了城市的兴起。这些城邦具有一个显著的特征：它们都筑有围墙。这表明，城与城之间的战争十分频繁。文字的传播也发挥了关键作用——为行政部门和宗教神殿做出了巨大贡献。尽管苏美尔王表得以保存并流传下来，但人们对这一时期的历史仍然知之甚少。◆

苏美尔王表 王表记录各个时期的国王，包括神话中"大洪水"发生前的五个朝代，可追溯到公元前2千纪。

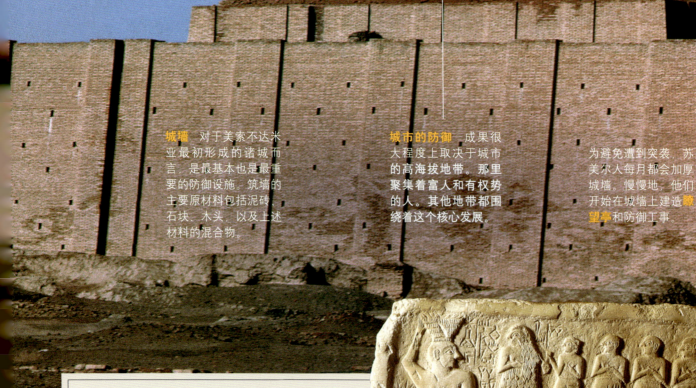

城墙 对于美索不达米亚最初形成的诸城而言，是最基本也是最重要的防御设施。筑墙的主要原材料包括泥砖、石块、木头，以及上述材料的混合物。

城市的防御 成果很大程度上取决于城市的高海拔地带。那里聚集着富人和有权势的人。其他地带都围绕着这个核心发展。

为避免遭到突袭，苏美尔人每月都会加厚城墙。慢慢地，他们开始在城墙上建造瞭望亭和防御工事。

纪念碑

苏美尔人是最早开始制作浮雕石碑的民族。他们用这些石碑来纪念政治、军事或宗教大事，上面既有文字，也有条纹或图景，与今天的漫画十分类似。以乌尔南塞（Urnanshe）石碑为例（见右图），人像都刻在石碑的同一面，其身体正面以及头和脚的侧面均可见。该石碑高40厘米，石面上拉伽什国王占据的图幅最大，且在两个场景中都有出现。在第一个场景中，拉格什国王是修建者的形象（头顶装满泥砖的篮子）；在第二个场景中，他在主持聚会。石碑中部穿孔，可能是用来将其固定在神殿的墙壁上。

❖ 拉伽什国王乌尔南塞的石碑

苏美尔堡垒

苏美尔文明在乌鲁克时期达到鼎盛，其辉煌与强大不仅在《旧约》(Antiguo Testamento) 的《创世记》(Genesis, 10,10) 和《以斯拉记》(Ezra, 4,9-10) 等宗教文献中被反复提及，更有苏美尔王表为其作证。事实上，早在萨尔贡创建阿卡德帝国之前，乌鲁克在美索不达米亚历史上就已扮演着极其重要的角色。后来，乌鲁克在抗击埃兰的战役 (前 2000 年) 中惨败。最终，政治权力中心转移至始祖亚伯拉罕 (Abraham) 的出生地：乌尔。

◆ 乌尔古城的南纳塔庙，建于前2100年。

娱乐与音乐

考古学家在一座王墓中发现了用黄金与青金石合制而成的里拉琴 (见左图)。许多印章和浮雕也证明苏美尔人会吹奏笛子、演奏竖琴、里拉琴，以及其他打击乐器。

此外，苏美尔人还有其他休闲娱乐活动。在乌尔王陵中，考古学家发现了棋盘和圆形棋子 (见左图)。据悉，这种游戏是美索不达米亚地区的贵族最为喜爱的娱乐活动。

拉格什国王乌鲁卡基那 (Urukagina) 在前2352年至前2342年的一幅浮雕中，我们可以看到宁吉尔苏 (Ningirsu) 神像。拉伽什国王乌鲁卡基那正是以该战神的名义行事。乌鲁卡基那是人类历史上第一位立法者，在位期间他降低赋税，取消贵族特权，旨在缩小阶级差距。

基什 位于南美索不达米亚的北部地区，随后被阿卡德王国征服。学者推测它始建于前3千纪初，尽管也有证据表明该地区是较古老的闪米特人定居点。

秃鹫碑，可追溯到前2450年

城邦间的争战

尽管如今只剩下一些残片，秃鹫碑上仍保留着苏美尔诸城邦间互相讨伐的记录，这是迄今为止发现的最古老的证据。从残片中可见，由拉伽什国王安那吐姆 (Eannatum) 领导的军队战胜了由乌什 (Ush) 统治的敌国乌玛，人们正为此庆祝。

阿卡德人

阿卡德帝国位于迦勒底北部，即美索不达米亚南部，地处亚述西南、苏美尔以北。早在巴比伦时期之前，阿卡德语就已经诞生。前 3 千纪，来自阿拉伯半岛的闪米特游牧部族开始向北扩张。部族的大迁徙导致不同族裔的产生，如阿摩利人、腓尼基人、以色列人，以及阿拉米人等。其中，阿卡德人是闪米特人在美索不达米亚地区最重要的分支，不仅占领了该地区北部的基什，更建立了历史上第一个强盛的帝国。◆

前 2300 年，拉伽什的一名建筑师在泥板上制作了一幅房屋平面图。当时富人的房屋多为两层复式，有的甚至带有花园。

马里国王伊库·萨玛干（Iku–shamagan）
的雕像（前2650年左右）

文化变革

闪米特人统治美索不达米亚后，开始将他们的一些生活习惯强加给苏美尔人，诸如蓄胡须、穿亚麻外衣等。此外，他们还大力传播本族语言，逐步取代苏美尔语。最终，仅部分苏美尔科学用语得以保留，且只有在葬礼上才会使用苏美尔语。

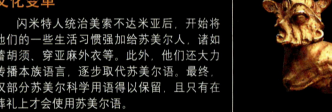

护身符 在古老的苏美尔有两种类型的医生：一种是使用草药治病的"阿苏"（Asu），另一种是通过符咒及护身符（见上图）施法治疗的巫师。当时，人们大多把疾病看作是神的惩罚。

古提人居住在扎格罗斯山脉地带，并从那里向阿卡德发起攻击。在双方交战中，虽然阿卡德国王纳拉姆辛令古提人损伤惨重，但最终未能将其征服。

石碑上的士兵与国王纳拉姆辛相比显得十分矮小。石碑上，纳拉姆辛一只脚用力踩在战败者的身体上。然而历史却十分讽刺，这座石碑发现于埃兰都城苏萨，被当作战利品保留了下来。

从波斯湾到地中海

阿卡德帝国广阔的版图主要归功于萨尔贡大帝和他的孙子纳拉姆辛，他们的功绩被镌刻在大大小小的石碑上。为了凸显两位国王的声望，碑文中甚至还记录了俘虏和敌军死伤的数量。值得一提的是，萨尔贡是历史上首位统一一整个美索不达米亚地区的国王，也因此成为后世统治者效仿的对象。

■ 卢伽尔扎吉西统治下的乌玛王国 ■ 阿卡德帝国

纳拉姆辛石碑，可追溯到前3千纪

萨尔贡大帝的铸铜头像，发现于尼尼微古城

献祭于神

右图的石碑刻画了萨尔贡大帝的孙子纳拉姆辛国王。他头戴角状神冠，脚踩敌军，四周簇拥着士兵。在各城邦相互征伐的过程中，战败者沦为奴隶已逐渐成为惯例。"技术革命"开始发生：奴隶作为免费的劳动力极大地提高了生产力，而商品的大量生产又进一步促进了贸易的发展。另一方面，各城邦控制商路、抓捕奴隶的行为也导致战争频发。

萨尔贡大帝

阿卡德的萨尔贡王朝是首个试图从文化方面统治不同部族的王朝，因此，也可以称其为历史上第一个帝国。在此期间，阿卡德人借鉴了苏美尔人的楔形文字，传播阿卡德语，逐渐取代苏美尔语。

埃兰艺术　下图是一位埃兰贵族的金属头像，由铜-砷合金铸成，可追溯到前2300年。由该头像可看出，在美索不达米亚地区，埃兰人已初步掌握冶金技术。

阿摩利人、胡里特人与赫梯人

历史上，美索不达米亚地区曾遭受多次外族入侵。阿摩利人是古代闪米特人的一支，作为好战的游牧部族，他们曾一度占据幼发拉底河西岸地区：叙利亚与迦南。前 2 千纪末期，阿摩利人曾两度攻占巴比伦城。胡里特人则占据了位于美索不达米亚北部的哈布尔河谷，在其建立的多个城邦中，米坦尼最为突出，是当时实力雄厚的王国之一。印欧裔赫梯人于前 18 – 前 12 世纪迁徙至安纳托利亚半岛中部，随后，凭借卓越的军事力量和超群的外交技巧，逐步将赫梯发展成除古巴比伦和古埃及以外的近东第三大强国。◆

"正在祈祷的汉穆拉比"，一尊由黄金与青铜制成的雕像，可追溯到前18世纪

阿摩利人

前 3 千纪，在阿拉米人到来之前，阿摩利人一直定居在叙利亚－巴勒斯坦边境一带，并统治着该地区，过着半游牧生活。随着在山区和牧场定居生活，阿摩利人开始接触一些早已定居的部族，如埃勃拉城的居民，之后又将触角伸向乌尔第三王朝统治下的地区。在骚扰了苏美尔后，阿摩利人实现了在该地区的渗透。据发现，汉穆拉比（Hammurabi）是阿摩利人。

（苏美尔语中的）阿摩利人 在苏美尔的一座石碑上记录着如下内容："阿摩利人不知何为谷物，阿摩利人不知何为房屋，何为城市；阿摩利人是高原上来的野蛮人；他们不采松露，不耕土地；他们喜食生肉，无家可归。"

阿摩利语 阿摩利语是闪米特语的分支。在阿摩利人统治美索不达米亚期间，阿卡德抄写员抄写的非阿卡德语专有名词即为阿摩利语。

动荡

随着乌尔第三王朝的覆灭，强大的苏美尔人淡出了历史舞台，美索不达米亚开始了长达 4 世纪（前 2004 年至前 1595 年）的暴乱割据。这一复杂的历史时期最终以赫梯人占领巴比伦告终。在此期间，阿摩利人在美索不达米亚定居，并实现了最大程度的发展。一部分阿摩利人在此建立了邦国，其中最为显要的是巴比伦王国；而另一部分，根据《圣经》的记载，去了迦南。

◆阿摩利王国一座神殿的奠基石

阿摩利人信奉的神 阿摩利时期遗留下来的雕像较少，并且均为动物雕像（见右图）。由此可以看出阿摩利人的泛灵信仰。根据《圣经》的记载，阿摩利人可能也信奉太阳神。

"阿拉卡·郝予克的狮身人面像"，
可追溯到前2000－前1000年

赫梯人

　　前18世纪至前12世纪，赫梯帝国历经辉煌，最终走向衰落。赫梯的城市内建有城堡，其中，位于哈图沙的布尤克尔城堡与位于哈图沙北部的阿拉卡·郝予克最为显著。这些建筑墙体厚实，塔楼建在6米高的石基上。城门处还放有狮身人面像，守护整座城市。

　　赫梯的宗教被称作"万神教"。赫梯人建造了万神殿，里面供奉着众多本族及异族神灵，尤其是胡里特人的神灵。其中，最显要的是"风暴之神"特舒卜（Teshub），其标志是一把斧头。

赫梯古国的艺术

铁制武器

　　得益于安纳托利亚丰富的铁矿资源，赫梯士兵多配备铁制武器。这已成为赫梯帝国所向披靡的一大关键因素。相较于硬脆、易断裂的青铜武器，铁制的剑和矛更加坚固，使用起来更加灵活，在战场上可以轻松制敌。

❖ 一幅赫梯浮雕的细节图，发现于乌尔法城（如今的土耳其）

雕塑
　　赫梯帝国雕刻了许多大型动物泥塑。左图是博加兹科伊出土的古赫梯公牛雕塑，可追溯到前3千纪。

金银器

　　赫梯人还十分重视奢侈品艺术，并发展金银器制造工艺。左图为宗教祭祀用的金杯。

陶艺

　　赫梯人是专业的陶艺师，可以制作各式各样的器皿。其中一些与在哈图沙城房屋内发现的器皿一样大小（见左图）。

国王的责任　赫梯国王被视为神选之人，负责主持最重要的宗教仪式。如果国家出现问题，人们会认为是在某个宗教活动中出了差错。国王也有这样的信仰：穆尔西里二世（Mursil II）将瘟疫的肆虐归咎于其父为登上王位犯下的屠杀罪行，并为之忏悔。

赫梯艺术　因其庞大的尺寸、粗犷的浅浮雕，以及少量的雕塑而被古希腊人定义为"巨石艺术"。这或许是由于受到了古埃及艺术的影响。

位于阿拉拉赫（今天的叙利亚）的雅里姆·利姆宫遗址

胡里特人

　　有关胡里特人的历史，尤其是他们的起源，人们知之甚少。目前，人们普遍认为胡里特人在哈布尔河流域建立了诸多王国。其中，最重要的是米坦尼帝国，尽管它最终被赫梯人和亚述人毁灭。赫梯人的衰落导致有关胡里特人的主要资料来源中断。大部分考古遗迹表明，胡里特人的城市历史可以追溯到新石器时期，到罗马时期结束。

亚述人

在古代美索不达米亚，亚述帝国雄踞于西南亚。它以底格里斯河流域为中心，北靠亚美尼亚高原，南临迦勒底，东达波斯湾，西接肥沃的美索不达米亚平原。亚述最初的主要城邦是阿淑尔城，城内建有神庙，供奉着主神阿淑尔（Assur）。此外，亚述帝国较为重要的城市还包括尼尼微、哈兰、卡拉赫与杜尔－沙鲁金。亚述文化的繁荣远早于古埃及，以其军事主义和好战精神著称。关于亚述人的残暴有许多传说，曾传遍整个近东，《旧约》中也有大量记载。◆

伊什塔尔（Ishtar），爱与战争 上图的伊什塔尔是掌司天空、爱情与战争的女神。神话传说中，她的第一任丈夫是塔木兹（Tammuz）。

刻有亚述国王萨尔贡二世（Sargón II）形象的浅浮雕

萨尔贡二世

前 9 世纪，当时的亚述国王阿淑尔纳西尔帕二世建造了一座新城——卡拉赫，并将其作为都城，取代古阿淑尔城。然而，亚述帝国的霸权直到前 8 世纪才得以巩固。在不断扩张的过程中，亚述人曾西抵埃及，东至印度边境。这一伟大的历史时期正是萨尔贡王朝统治时期，而这一时期的第一位国王便是萨尔贡二世。传说中的萨尔贡二世十分专制与残酷，他也因此为世人所知。此外，萨尔贡二世在位时还建立了新的都城杜尔－舍鲁金（"萨尔贡堡"）。

进步 前2000年前后，东方的一些部族开始使用青铜并用其制造武器。前10世纪左右，赫梯人开始使用并传播铁器。亚述人习得制铁工艺后，开始用其生产新型的、杀伤力更大的铁制武器。萨尔贡二世之子辛那赫里布（Senaquerib）继任国王后，从印度引进了棉花，又被称作"羊毛树"。

商用文字 前2千纪，亚述人开始建工厂。因此，文字开始用于组织和管控商业运输。在安纳托利亚，考古学家发现了大量泥板文，上面刻有亚述人使用的语言，即阿卡德文。这些泥板被黏土包裹，必须将外部充当信封的黏土破除才能阅读泥板上的内容（左图是一封信和它的"信封"。发现于安纳托利亚阿里沙，可追溯到前1889年）

亚述多神论

在亚述古城尼尼微，考古学家发现了亚述巴尼拔图书馆，并在其中发现了一份列神表，上面记录了包括地方小神在内的2 500多个神祇的名称。一些地位崇高的大神在各个城市都被供奉，包括天神安努（Anu）、风神恩利尔（Enlil）、海神埃阿（Ea），以及太阳神沙玛什（Shamash）。沙玛什不仅掌管光明，决定生死，同时还是司法天神。

◆ 这幅浅浮雕再现了宗教游行的场景

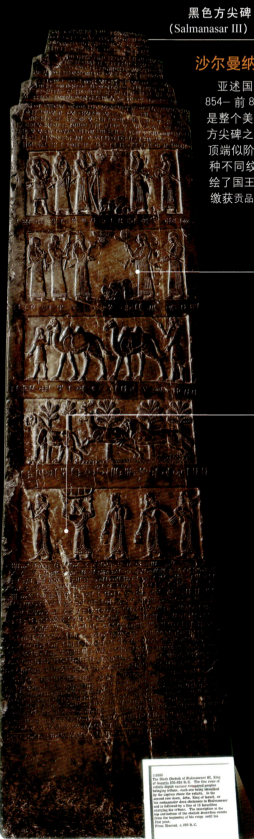

黑色方尖碑，沙尔曼纳萨尔三世
（Salmanasar III）光辉的战绩

沙尔曼纳萨尔三世的胜利

亚述国王沙尔曼纳萨尔三世（前854－前824年在位）的黑色方尖碑是整个美索不达米亚地区最为有趣的方尖碑之一。整个方尖碑呈棱柱状，顶端似阶梯状的塔。碑的四面饰有五种不同纹样的浮雕，共计20幅，描绘了国王四处征战并最终降服敌军，缴获贡品的情景。

警示 沙尔曼纳萨尔三世的黑色方尖碑上的浮雕较为平坦，缺少纵深感。其主要目的是宣示国王的功绩，警示该地区的所有部族。

压倒一切的王 黑色方尖碑发现于尼姆鲁德遗址，是为了纪念沙尔曼纳萨尔三世自前841年来所取得的战绩。当时，沙尔曼纳萨尔三世已经打败了由阿达德伊德里（Adad—Idri）领导的反亚述联盟。在沙尔曼纳萨尔三世取得的胜利中，还包括在前825年打败当时的以色列国王耶户（Jehú）。

亚述艺术

亚述艺术囊括了雕刻、建筑、绘画和陶艺等多个领域的产物。通过考古学家对尼尼微古城（如今的摩苏尔）以及其他构成亚述文化的美索不达米亚北部城市所做的考古挖掘和后续研究，亚述艺术逐渐为世人所了解。在亚述帝国不断向外扩张的过程中，其艺术家也逐渐开始接触一些更加精致的文化。尽管他们的作品仍旧保留着些许生硬与死板，尤其是保留了其残暴凶狠的特质，但不可否认，他们开始创作一些更加精致的作品。

❖ 亚述神话中的动物，象征着战争。

日常生活 上图是在尼姆鲁德遗址发现的一幅浅浮雕，可追溯到前880年至前860年。在浮雕中我们可以看到整个城市的内部构造及其防御工事。此外，浮雕上还刻画了四个日常生活图景，其中甚至还出现了女性的身影，令世人惊叹。因为大部分亚述艺术品向来追求与战争有关的元素，几乎没有刻画过女性。

战神阿淑尔

亚述帝国的国王相信，他们的任务是将世界献给他们的战神——阿淑尔，狮子是后者的主要代表形象之一。国王们向阿淑尔细数他们以其名义与荣誉进行的战役。他们创造了拥有人脸、翅膀、五条腿和鱼鳞的狮子和公牛形象。

❖ 巴比伦时期的狮头泥塑，可追溯到前1600年至前1400年

社会和日常生活

社会和日常生活

从旋盘到轮子

美索不达米亚文明的发展有一个基本标志，那就是，人们的生活方式从游牧转向定居。底格里斯河与幼发拉底河加上气候变化孕育出来的肥沃土地，加速了这一重大变革的进程。人群的定居催生了新的生活方式与活动，同时推动了政治与经济的发展，以及新型社会关系的出现。

游牧民族的日常生活是在帐篷中进行的，其主要特点是他们要随时应对迁徙途中不断变化的环境。这种居无定所的生活后来逐渐被更加规律和稳定的生活方式所取代，而后者需要更稳健的行政治理机制，同时需要融合永恒观念，以及更加恒久的相关价值观。

建筑的诞生

新的生活方式促使了建筑的诞生与发展。最初人们只是为了拥有稳定的住所而搭建房屋，接下来便开始建造更加稳固、适合长期居住的房屋，随后又开始修建宫殿与神庙。与此同时，人群的定居使政治和宗教领域形成了新的社会结构。统治阶级与神职人员出现，并根据他们的利益对社会进行塑造。为了满足自身的长期需求，他们还创造了宗教信仰，并随之开始建造宫殿与神庙，二者相辅相成。其中，塔庙呈垂直结构，顶部的塔尖象征着人权与神权的结合，具有重要意义。

农牧业的发展不仅意味着人们对更多动物的驯养，尤其是野驴的驯养，而且意味着新兴农业技术的发展。在游牧时代，人们只在夜间和烹饪食物时才会使用火。开始定居后，火也被赋予了更多功能。新型炉具的发明更为生产生活带来了诸多便利。例如，在窑炉中烘干黏土片极大地推动了制陶工艺的发展与变革。

❖ **文字** 刻有楔形文字的泥板，记录了农务分配情况，可以追溯到前1980年。

陶器生产

除了其他的一些要素，考古学家也会根据陶器判断某个遗址的年代。有些史前文化甚至是以陶器的名称命名。贝壳纹陶器是最早的史前陶器之一，最早出现于新石器时代。之所以称为贝壳纹陶器，是因为这类陶器的表面饰有一种软体动物——鸟蛤的贝壳纹样。金属时代，更确切地说是铜石并用时代，最具特色的陶器是钟形陶器（或钟形杯），而青铜时代最具特色的是阿尔加尔陶器。

在美索不达米亚，当新石器时代开始迸发出全部潜力后，陶艺才逐渐发展起来。因此，史学家格外强调前陶新石器时代的存在。这一时期，仅有"残陶碎片"面世，鲜有完整的陶器。

只有陶片的易碎性可以解释"残陶"的大量存在。陶器易碎，不易保护，给人们的生活带来很多不便，人们必须不断通过手工生产来满足和补充生活的需要。但即便如此，陶器仍然供不应求。另外，这种陶制品的应用十分有限。用今天的话说，这些陶片或许是历史上最古老的"一次性材料"。

❖ **亚述浮雕**　这幅精美的浮雕描绘了亚述称霸时期，人们在不同时刻的日常生活，可以追溯到前 8 世纪。

◆ **各行各业** 这幅浮雕描绘了一名苏美尔木匠工作时的场景，可以追溯到前 2000 年。

生产力的不断发展导致经济过剩日益严重。一方面，物品，特别是食品的储藏和保存面临诸多挑战。另一方面，生产过剩也反过来促进了贸易的交流与发展。日益复杂的贸易交往打破了昔日易货贸易的范围，贸易不再局限于邻近地区。此外，轮子的发明及其在交通运输方面的应用促进了商路的拓展。随着贸易的发展，各地之间的文化交流日益扩大，这促使距离遥远的村落更加紧密地联系在一起。

贸易与战争

商贸交往未必是个和平的过程，先进社会生产所产生的财富使美索不达米亚成了中亚与阿拉伯半岛游牧部族掠夺的对象。

轮子在战争中的应用改变了许多王国与城市的命运。他们不得不联合起来，共同抵御外敌。这就为新政治形式——帝国的形成奠定了基础。亚述人正是凭借对战车的改良实现了军事变革，进而成为近东最强盛的帝国之一。《圣经》中关于此事的记载不胜枚举。

迄今为止，人们所知的最古老的轮子来自前 4000— 前 3000 年的美索

交通工具

◆ ◆ ◆

水路交通，即通过河流与运河运输，是抵达美索不达米亚各地最安全的交通方式。当时的船只还可以在地中海和波斯湾水域航行。在船只无法通行的情况下，人们则通过驴和骡子实现运输。前 2 千纪，马的使用为大量信使和外交人员带来了便利。后来，轮子的应用大大提升了交通运输的速度，但轮式车辆无法在沼泽地或山地行进。在冲积平原地带，人们使用拉撬进行运输。这种装置上层是木板，底部装有金属条，需要驴、骡子或马牵引。前 1 千纪，沙漠地区的部族开始用骆驼运输，这是美索不达米亚地区独特的交通工具。交通工具的不断发展促使贸易路线覆盖的范围日益扩大，运输速度不断加快。

不达米亚。据信，轮式车辆是在陶轮发明后出现的，此种车辆很快就取代了拉撬。人们用木销钉将实木圆盘固定在圆轴上，制成了最简易的轮子。之后，为了减轻重量，剔除了圆盘上

◆ 这座**雕像**发现于海法吉的一座宁图神庙，刻画了一位双手交叉、正在祈福的信徒。

不必要的部分。前 2000 年前后，人们已经开始使用轮辐。

陶轮

轮子的发明不仅解决了交通运输问题、提高了军事行动的效率，还促进了陶轮的发展。陶轮发明于金属时代，它的出现改善了制作与加工方式，实现了陶器生产的变革。另外，烧窑和烧制技术的应用让陶器更加坚固耐用，颜色和纹理也更加丰富。

起初，陶轮只是一个安装在轴上的轮子，通过插在孔中的木棒使其旋转，直至达到制作陶器所需的转速。随着时间的流逝，陶轮也在不断发展。后来，工匠只需坐在椅子上，用脚踩动踏板便可使陶轮旋转，还可根据需要改变其转动的速度。

前 4 千纪，当时的窑炉已经实现了燃烧室与窑室的分离，制陶工艺得到全面发展。从那时起，随着人们逐渐掌握对高温的把控，新的工艺诞生：将浆料玻化。前 3 千纪前后，捷姆迭特·那色时期，人们学会了制作玻璃珠。10 个世纪后，人们掌握了上釉技术。最终，在前 2 千纪时，人们开始生产玻璃制品，奢侈品也随之大量涌现。

冶金术

自前 6 千纪起，美索不达米亚地区就一直在使用小型金属雕刻品。然而，直至前 3 千纪中期，随着大型炉窑的发展和完善，人们才开始普遍使用金属材料，这便是冶金术的起源。此时，人们逐渐开始发现更多种类的金属制品。从成分上看，这些金属制

天文学与占星术

随着天文知识的不断积累，美索不达米亚地区的居民开始预测天象。前 7 世纪，巴比伦人确立了黄道十二宫，并为每一宫命名，许多名称至今仍被沿用。当时的天文学家对行星的运动进行了非常精确且系统的记录，很准确地预测了日月食。目前保留下来的最古老的算命天宫图是于前 410 年 4 月 29 日在巴比伦绘制的，当时的人们认为根据此图星体的位置可以预测一个人的未来。之后，占星术成为众多巫术仪式的一部分，传到了古埃及，后来又流传到希腊和罗马，直至中世纪依然存在。从前 3 世纪中叶开始，大量历书出现，其中预测了太阳、月亮和星星在天空中的方位。

品是在铸造厂中合成的，并非天然矿石经过加工形成的产物。

就这样，人们开始尝试冶炼不同的合金。随着这项技术的不断发展，青铜冶金术诞生。根据合成金属的不同分为铜砷合金与铜锡合金两类。砷青铜的发展呈南北走向，包括高加索地区、安纳托利亚东部、美索不达米亚南部和小亚细亚的广大地区。锡青铜则沿东西向发展，主要分布在伊朗、美索不达米亚平原、叙利亚北部和奇里乞亚地区。这两条轴线的交会点便是美索不达米亚南部地区。因此，苏美尔文明在这里诞生也就不足为奇了。

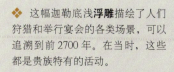

❖ 这幅迦勒底浅**浮雕**描绘了人们狩猎和举行宴会的各类场景，可以追溯到前 2700 年。在当时，这些都是贵族特有的活动。

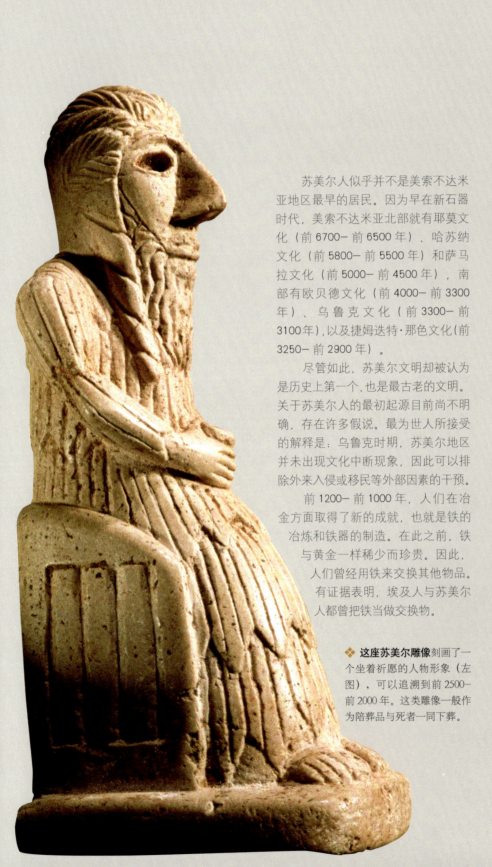

苏美尔人似乎并不是美索不达米亚地区最早的居民。因为早在新石器时代，美索不达米亚北部就有耶莫文化（前6700—前6500年）、哈苏纳文化（前5800—前5500年）和萨马拉文化（前5000—前4500年），南部有欧贝德文化（前4000—前3300年）、乌鲁克文化（前3300—前3100年），以及捷姆迭特·那色文化（前3250—前2900年）。

尽管如此，苏美尔文明却被认为是历史上第一个，也是最古老的文明。关于苏美尔人的最初起源目前尚不明确，存在许多假说。最为世人所接受的解释是：乌鲁克时期，苏美尔地区并未出现文化中断现象，因此可以排除外来入侵或移民等外部因素的干预。

前1200—前1000年，人们在冶金方面取得了新的成就，也就是铁的冶炼和铁器的制造。在此之前，铁与黄金一样稀少而珍贵，因此，人们曾经用铁来交换其他物品。有证据表明，埃及人与苏美尔人都曾把铁当做交换物。

❖ **这座苏美尔雕像**刻画了一个坐着祈愿的人物形象（左图），可以追溯到前2500—前2000年。这类雕像一般作为陪葬品与死者一同下葬。

前3—前2千纪，越来越多的铁制品出现在安纳托利亚与美索不达米亚地区。这些铁制品中不含镍元素，因此与陨石中的铁有所不同。尽管如此，铁依然十分稀少，因而仅在举行仪式时被使用。前1600—前1200年，中东地区开始使用铁，但尚未取代青铜。前12—前10世纪，近东地区的青铜武器迅速被铁制武器取代。自前11世纪，铁开始在叙利亚北部和安纳托利亚地区广泛使用。

科学与技术

美索不达米亚地区的算数十分发达，有十进制与六十进制两种计数法，最初用于商业。苏美尔人不仅会加、减、乘、除，还制定了数学运算法则，可以解三次方程。此外，他们还知道 π、根和幂等数学元素，并且知道如何计算几何图形的体积与面积。

该地区的天文学也非常发达。苏美尔人知道如何区分行星（移动的星体）和恒星。不过，最终是巴比伦人进一步推动了该领域的发展，他们甚至能够预测天象。

基于天文知识，巴比伦人制定了严密的阴历历法：一年以12个月为基准，为了合上地球围绕太阳运行的周期，每隔一定时间增加1个月。此外，人们还发现了当时的医学文献和地质材料分类列表。

"阿维鲁""穆什根努"和"瓦尔都"

在古巴比伦，国王代表最高权力，其他人则分别属于以下三大社会群体："阿维鲁"，即上层阶级，具有公民权，包括政府官员、贵族和富人；"穆什根努"，即平民阶层的统称，被排斥在城市公社之外；"瓦尔都"，即最低阶层，也就是奴隶，大多是战争中战败国的臣民或俘虏。

当欠债者无法偿还债务时，也会通过充当一段时间的奴隶还清债务。这类奴隶必须服从于主人，也就是满足其债权人的所有要求。当然，除了奴隶主有使唤奴隶的权力，政府也有权征用奴隶为国家服务，尤其是战争时期。当时，为作战而招募士兵绝对是国家大事的重中之重，需要优先考虑，即使是父母与子女这样的家庭关系也要为此让路。也许是为了避免王国境内发生不必要的冲突，汉穆拉比制定了一系列法律，试图改善奴隶的处境。其中包括许多保护奴隶的条例，例如：在欠债人沦为奴隶前取消其债务或征用奴隶为国家公务服务。

❖ **大量建造**宫殿、堡垒、城墙与神庙需要大量的奴隶充当劳动力。

国王与狩猎

在新石器革命以及美索不达米亚大部分人群开始定居后，人们不再以狩猎和采集为生。农业可以满足人们的生活需求，确保更加稳定的发展。狩猎转而成为勇气与决断的象征，因为狩猎需要面对野兽，而野兽象征着敌人。因此，狩猎逐渐成为国王与统治阶级特有的活动。◆

弓箭手是狩猎队伍的组成部分之一，他们是从军队中选拔出来的精英，通常是可以熟练使用弓箭的贵族，因为只有贵族才能与国王一同狩猎。

骑兵的马大多体形矮小尾巴较宽。骑兵们不使用马蹬或马鞍，通常只是在马背上放置一块特殊材质的布，最富有的士兵则乘坐两轮战车，由两三匹装饰华丽的马匹牵拉。这种战车很轻，车前设有屏障。

阿淑尔纳西尔帕二世一生之中共参与了十四场战役，其中大多是与北方比特·扎马尼（Bit Zamani）统治下的阿拉姆王国的战争。后者曾两次发动叛乱，但最终都被亚述军队平息。为了巩固该地区的统治，阿淑尔纳西尔帕二世赞同亚述移民在图什汉定居，因为图什汉就在比特·扎马尼建立的都城阿米达附近。

宴会与狩猎　阿淑尔纳西尔帕二世的扩张以新都城尼姆鲁德（卡拉赫）的修建告终，阿淑尔纳西尔帕二世带领臣民定居于此。最终，尼姆鲁德城容纳了近16000人。据盛宴碑记载，阿淑尔纳西尔帕二世曾举办盛宴，宴请他所统治地区的异族权贵和王室人员。在尼姆鲁德的阿淑尔纳西尔帕王宫中，考古学家首次发现了描绘国王打仗和狩猎场景的浮雕。

受伤的狮子

亚述宫殿的浅浮雕一般有以下两种灵感来源：一部分源于宗教，另一部分源于日常生活。前者具有神话色彩且非常抽象，后者则带有明显的自然主义特征。描绘狩猎场景的浅浮雕属于日常生活一类，雕刻传神甚至刻画出了野兽痛苦的神情。

◆ 美索不达米亚浅浮雕《受伤的狮子》

阿淑尔纳西尔帕二世狩猎时的场景

狩猎中的国王

随着君主制的不断发展，国王的形象被赋予了神话和宗教色彩。国王被视为神，或是神灵的对话者，而狩猎则成为其向贵族、子民和敌人展示力量与权力的方式。以亚述国王提格拉特帕拉沙尔一世（Tiglapileser Ⅰ）为例，他声称自己曾在一次狩猎比赛中杀死了 4 头野牛、10 头大象和 920 头狮子（其中 800 头狮子是乘车猎杀的，另外 120 头是徒步猎杀的）。

关于狮子的神话　狮子是王室成员在狩猎时最偏爱的野生动物之一。因为自远古时期，狮子就象征着力量与凶猛，而这两个特质正是每个王国对外扩张时不可或缺的基本要素。因此，国王猎杀狮子的场景在浅浮雕和印章中十分常见。

马里城邦中发现的书信　这些泥板可以追溯到前 1800 年，上面记述了人们通常如何设置陷阱捕捉狮子和其他野兽。野兽被捕后一般不会立刻杀死，而是直到要举行一些宗教庆祝活动时被释放到围场中，由国王与其搏斗并将其杀死。

战车　亚述人研发了辐条轮并将其应用于战车，军事实力由此大大提升。与一体轮不同的是，辐条轮转动速度更快、更灵活。《旧约》中对此有明确的记载。

猎犬

正如许多浅浮雕所刻画的那样，人们在狩猎活动中会使用猎犬，尤其是经过专门训练、可以围困野兽的猎犬。在亚述的万神殿中，一些地方神祇与猎犬的形象一致。此外，一些泥板上还记录到，被亚述国王征服的部落会将类似的动物列为贡品。

❖ 该浮雕描绘了狩猎时随行的猎人与猎犬

乌尔王军旗

　　乌尔王军旗是苏美尔人制作的艺术品，可以追溯到前26世纪。20世纪20年代，英国考古学家伦纳德·伍利（Leonard Woolley）在挖掘乌尔古城（位于今伊拉克首都巴格达）的王室陵墓时发现了这一文物。乌尔王军旗是一个呈梯形的木箱。正面和反面的木板高约22厘米，宽约50厘米。两面均刷有沥青，上面饰有由玛瑙、贝壳和青金石镶嵌而成的马赛克图案。该军旗现藏于大英博物馆。◆

国王坐在王座上，身穿最华丽的服饰，其形象也最为高大。在国王旁边描绘了庆功会的各个场景。

在乌尔古城的废墟中发现的马赛克艺术品——乌尔王军旗

代表和平的饰板

　　该饰板描绘了苏美尔城市居民有趣的日常生活。乌尔，即迦勒底的吾珥，位于美索不达米亚南部，靠近幼发拉底河与底格里斯河汇入波斯湾的入海口。乌尔王军旗出土自王室陵墓，主要由两块饰板组成，分别呈现了和平景象与战争场景。代表和平的饰板上描绘的是人们庆祝胜利的景象，再现了乌尔人运输战利品，以及在庆功宴上奏乐欢饮的场面。而另一块饰板则描绘了乌尔军队乘战车出击、战胜敌人、押送俘虏交国王处置的场景。

正面律　饰板虽被条纹框分隔为不同部分（上、中、下），但描绘的却是连贯的场景。饰板上人物的头和腿均为侧面刻画，身体和眼睛则为正面刻画。

等级制度　人物的尊卑程度通过人物形象的大小体现。可以看出，饰板上国王的形象大于贵族，而贵族大于仆从。此外，还可以通过人物的着装区分其身份地位：贵族穿着整齐、华丽，而奴隶的穿着则较为随意。

品阅　应按照从右至左、从下至上的顺序品阅乌尔王军旗。

乌尔王军旗的另一面饰板

代表战争的饰板

最上层的中间是国王，左侧是他的士兵，右侧是奴隶与战俘。中间一层，士兵正在押送被绑住双手的俘虏。最下层描绘的是战争情节，战役以胜利告终。毫无疑问，饰板上呈现的画面十分真实，生动形象，甚至可以看到战车从倒在地上的士兵身上碾压过去的场景。

战争机器：亚述帝国

　　无数史料证明，亚述帝国的军队因残暴而震慑四方。其军事远征可谓有条不紊；每年春季，由国王带队亲征，以周边城邦小国为目标，戮其臣民，毁其城土，将死者斩首，将俘虏贬为奴隶。士兵们掠城、焚城，共同瓜分战利品。就这样，经过前 1318- 前 1050 年两个多世纪的征伐，亚述成为美索不达米亚历史上第一个军事帝国，其疆域非常广阔，北至亚美尼亚的凡湖，西至地中海。◆

亚述战车

　　前 934 年至前 912 年，阿淑尔丹二世（Ashurdan II）统治时期，亚述帝国出现了更沉重、更稳固的新型战车，打败了当时在小亚细亚盛行的轻型双马拉战车。

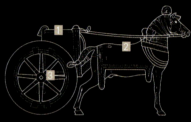

　　1. 亚述战车的边缘更高，可容纳并保护四名士兵：一人御车，剩下的三人分别为一个弓箭手和两个长矛手。

　　2. 亚述战车由四匹马拉动而非传统的两匹。此外，马身用厚织物或皮革包裹，避免在战争中受伤。

　　3. 亚述战车车身大而沉重，虽需要较大的轮轴带动前行，但在平地上可以说所向披靡。

攻城

　　攻击多从正面发起，主要目标是利用攻城锤破坏敌方的城墙，同时由工兵凿穿地基，投石手、长矛手和弓箭手一同投射，掩护攻城兵从侧翼登城。

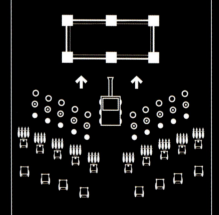

攻城塔	弓箭手	
长矛手	战车	
投石手	补给车	

阿淑尔纳西尔帕王宫的浅浮雕之一

步兵

　　亚述帝国的步兵由弓箭手和长矛手组成。士兵们身穿皮革铠甲，手持圆盾。所戴头盔由金属制成，顶部通常饰有羽毛或其他装饰物。所用武器多为弯弓、短箭、长矛和短剑。

屠城 面对奋力抵抗的城邦，亚述人会将其彻底摧毁：推倒其城墙，并纵火将整座城市夷为平地。

奴隶 战败城邦的幸存者作为战利品会被驱赶到亚述帝国，沦为奴隶。

阿淑尔纳西尔帕王宫的另一块浮雕

战争即日常

从已发掘的浮雕中我们可以了解到关于亚述帝国的许多细节。比如，亚述人习惯用泥土建墙，并将营盘扎在围墙内。营帐用布搭建，木棍支撑。浮雕中可见一些日常生活图景：士兵们生活在自己的帐篷内，一名士兵正在铺床，另一名士兵在做饭，还有一名士兵在桌上摆放物品。

战术与恐怖政策

投石手从很高的投射角度向敌人投掷石块，迫使对方高举盾牌，暴露出躯干部位，以便弓箭手进行精准射击。

亚述帝国在整个近东和中东范围内实施恐怖政策：斩去俘虏的手臂和双腿，施以剥皮和挖眼的酷刑。

弓箭手往往藏身于隐蔽的地点，通过射箭孔进行射击。射箭孔较小，刚好够射出一支箭，同时又可以阻止敌人通过它进行反射击。

攻城塔的侧面被皮革包裹，易燃易毁是其缺点之一。此外，这些攻城塔在崎岖的路面上作战能力低下。

攻城车需要大量士兵拖拉，且易造成伤亡。因此，亚述军队利用战俘拉车。

攻城锤由塔楼内外的士兵通过绳索控制，锤头由巨石或金属制成，可迅速破坏敌方的土坯城墙。

尼姆鲁德古城

　　尼姆鲁德与阿淑尔、尼尼微和杜尔－沙鲁金等城市一样，是古亚述帝国的都城之一。亚述人称之为"卡尔胡"，《旧约》中称其为"卡拉赫"。它位于底格里斯河岸，距摩苏尔（今伊拉克城市）东南部仅30千米左右。前13世纪，由国王沙尔曼纳萨尔一世（Salmaneser I）建立。起初，尼姆鲁德只是一个小型的行政中心，直到阿淑尔纳西尔帕二世统治时，才下令在此地建造新的都城。新建的尼姆鲁德城位于底格里斯河东岸，意在抵御西方阿拉米人的频繁攻击。◆

纳布神庙 纳布（Nabu）是书写之神，起初是迦勒底的神祇，《圣经》中也有关于他的记载。他头戴角帽，身骑巨龙，标志是拿着一块带有尖笔的泥板。他的权力很大，负责书写每个人的命运。

商贸中心 由于所在地区气候温热，亚述人往往穿着宽松的亚麻服装。这些织物大多来自埃及或远东。随着时间的流逝，尼姆鲁德成了大型商贸中心，并在亚述诸城中长时间占据着重要地位。直至公元前612年，巴比伦人与米底人将尼姆鲁德夷为平地，亚述帝国也就此灭亡。

城堡 考古学家对尼姆鲁德的挖掘主要集中在城堡区域。作为城市的第二道防线，城堡建于城市内部，占地20公顷，四周环绕着8米高的围墙。

尼努尔塔神庙 人们对尼努尔塔（Ninurta）的崇拜源于苏美尔文明。亚述人留下了大量描述尼努尔塔的赞诗。有时，他被奉为可以治愈疾病的农业之神，有时，又被视为会带来沙尘与灾害的南风神。

对亚述尼姆鲁德古城的虚拟再现

巨大的工程量

建造尼姆鲁德新城需要数以千计的工人，其中大部分是沦为奴隶的战俘。他们必须平整出 3.6 平方千米的土地，并建造长 7.5 千米、高 15 米的城墙。此外，他们还开凿了一条运河，以便从扎卜河引水灌溉农作物，滋养当地人口。这条运河被称为"带来富裕的河"。

宫殿 考古学家马克斯·马洛温（Max Mallowan）和戴维·奥茨（David Oates）发现了阿淑尔纳西尔帕二世的宫殿遗址，并将其命名为"西北宫"。"西北宫"与沙尔曼纳萨尔三世王宫和提格拉特帕拉沙尔三世王宫一样，经过适当修复后成为博物馆，供游客参观。此外，马洛温与奥茨还发现了尼努尔塔与纳布神庙的遗址。

宫殿的墙壁被石制浮雕覆盖，色彩华丽。门口两侧大多矗立着人首飞狮像或飞牛像，象征着亚述国王至高无上的权力。

考古 1845 年至 1851 年，英国考古学家奥斯汀·亨利·莱亚德（Austen Henry Layard）对尼姆鲁德遗址展开挖掘。尽管莱亚德做了大量研究，但他仍误以为自己发现的是尼尼微古城遗址。后来，马洛温（1949 年至 1957 年）与奥茨（1958 年至 1962 年）又相继在此地展开挖掘工作。二人一致认为，此地是尼姆鲁德古城的遗址。

给沙尔曼纳萨尔三世的献礼

沙尔马纳塞尔三世是阿淑尔纳西尔帕二世的儿子，同时也是王位的继承人，于前 858－前 824 年间统治整个亚述，都城设在尼姆鲁德。在其统治期间，最典型的历史事件就是亚述与叙利亚及小亚细亚城邦之间的战争。当时，叙利亚与小亚细亚各城邦缔结联盟，共同阻止亚述继续扩张领土，并争夺贸易路线的控制权。沙尔曼纳萨尔三世共发动了四次战争抗击联军，最终，战事以亚述军队攻占巴勒斯坦告终。

❖ 在尼姆鲁德遗址中发现的浅浮雕

亚述艺术

　　美索不达米亚艺术的起源要追溯到古老的苏美尔文明。人们猜测，前4000年左右，苏美尔人自非洲来到美索不达米亚定居。前3000－前1500年，闪米特游牧部族阿卡德人定居美索不达米亚并与当地民族融合，吸收了苏美尔文明的艺术风格。随后，巴比伦王国的不断扩张使该地区不同民族之间相似的艺术元素融为一体。前11世纪至前7世纪，最初的苏美尔艺术风格借助亚述与新巴比伦文明得到全面发展。亚述帝国的不断扩张将这种艺术风格传到地中海东部盆地与小亚细亚的各个部族。◆

具有象征意义的动物　在亚述众多兽形雕塑中，狮子的形象最为丰富。作为亚述民族的代表性动物，狮子是勇气与凶猛的象征（上图是一座用黏土制作的亚述狮子雕像，可以追溯到前7世纪）。

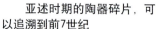

亚述时期的陶器碎片，可以追溯到前7世纪

人物形象

　　亚述人绘制的人物形象有诸多特征，如体态健壮、背部宽厚、面容严肃、颧骨突出、浓眉大眼并且衣着平整，少有褶皱。与其他美索不达米亚部族和埃及人一样，亚述人在描绘人物形象时也习惯于展现人物的侧面像——眼睛朝向前方，肩膀与胸部保持相应的自然姿态。这样有利于更好地把握空间。

"羊毛树"　属于美丽异木棉的一种，结出的果实叫"蒴果"。果荚裂开后，会露出包裹着种子的棉絮。亚述人用这些棉絮纺织外袍。

国王的宴会　在阿淑尔纳西尔帕二世王宫的一座石碑上有这样的记载："我为尼姆鲁德人民以及从各国各地赶来的人们举行了长达十天的盛大宴会，我为他们准备了好酒、沐浴礼和涂油礼，我给予他们荣誉，然后送他们平安快乐地返回自己的家乡。"

阿淑尔纳西尔帕二世的宫殿

　　前13世纪，沙尔曼纳萨尔一世建立了尼姆鲁德城并将其作为行政中心。阿淑尔纳西尔帕二世即位后将其设为新的都城。新都尼姆鲁德建于底格里斯河东岸，以此抵御西方阿拉米人的频繁攻击。为了扩大城池，巩固防御工事，需要数以千计的劳力。工人们必须平整出3.6平方千米的土地，并建造出长7.5千米、高15米的城墙。此外，他们还开凿了一条运河，以便从扎卜河引水灌溉城外的农田。阿淑尔纳西尔帕二世将该运河命名为"带来富裕的河"。

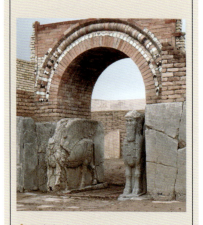

◆ 阿淑尔纳西尔帕二世王宫某个入口处的雕像

风神恩利尔（前9世纪）

大洪水传说

　　考古学家在尼普尔发现了一块石碑，上面记录了"大洪水"的故事，从而证实了因《旧约》（《创世记》，第六至八章）而广为人知的宇宙大洪水传说实际上源于苏美尔神话。根据石碑上的记载，众神降下自然灾害以惩罚人类，只有朱苏德拉（Ziusudra）存活了下来。他打造了一艘船，并将不同种类的动物安置在船上避难。这一主题也出现在亚述文学中，主人公是阿特拉哈西斯（Atrahasis）或朱苏德拉。据说，吉尔伽美什在与朱苏德拉对话后，将大洪水的传说写入了《吉尔伽美什史诗》（Poema de Gilgamesh）。

《吉尔伽美什史诗》

　　"我要……毁灭人类／为了宁图，我要阻止我的孩子们走向灭亡。／我将送人们回到他们赖以生存的土地。／他们会在各地建造城市／我将让黑暗变得柔和。／他们将在神圣的地方重新搭建我们的神庙／在我们选择的地方，在神圣的地方搭建它们。／风暴肆虐／（一瞬间）洪水吞没了整个敬拜中心。／洪水席卷大地长达七天七夜／大船在宽阔的水面上随着风暴摇摆／太阳神乌图出现了，天地重新恢复了光亮。／朱苏德拉打开船的窗户／乌图将其光线射入巨大的船舱。／国王朱苏德拉跪拜在乌图面前／朱苏德拉屠牛杀羊向乌图献祭。／你们向天地祈求……安与恩利尔向天地祈求／动物再次在大地上出现。／国王朱苏德拉／跪拜在安与恩利尔面前。／安和恩利尔善待朱苏德拉／赋予他神的生命／让他永久地呼吸，像神一样呼吸。"

翅膀　风神与风暴之神恩利尔的翅膀，被历代国王采用。这一特征不仅赋予了国王神圣的天性，后来也成为包括一神教在内的其他宗教中天使的标志。

力量与勇气　与苏美尔人塑造的剃须刮面的男性形象不同，亚述人将毛发与胡须视为力量和勇气的象征。亚述君王和神祇的形象一般都符合这一特征。

辉煌的巴比伦

希罗多德（Herodoto）是哈利卡纳苏斯伟大的旅行家和最早的历史学家之一，他曾写道："在美索不达米亚诸城中，巴比伦知名度最高，也最强盛。它的宏伟与壮丽令其他所有城市黯然失色。它坐落在一片广袤的平原上，整座城市呈四方形，每边长 120 斯塔德（古希腊的长度单位，1 斯塔德等于 607 英尺或 184 米）。"此外，古巴比伦城还拥有"世界七大奇迹"之一：修建在城墙上、从远处看仿佛悬挂在空中的花园，希腊人称其为"巴比伦空中花园"。◆

伊什塔尔女神 伊什塔尔（见上图）是历史上最古老的女性神祇之一，被称为"天女"，与其姐姐地府女神埃列什基伽勒（Ereshkigal）或祺（Ki）相对应。

古巴比伦城的尼布甲尼撒王宫

向众神献祭

最初，巴比伦城邦在幼发拉底河河岸并未占据非常重要的地位，需要依赖邻国，尤其是基什。直至前 2000 - 前 1800 年，阿摩利人到来并掌权，巴比伦才逐渐开始受到重视。作为闪米特人的一支，阿摩利人迅速掌握了阿卡德语，此外，他们还接受了苏美尔－阿卡德的万神殿，信奉巴比伦城的保护神——马尔杜克（Marduk）。

入侵 前 1600 年，在穆尔西里一世（Mursil I）的统治下，赫梯人战胜了胡里特人并向巴比伦发起进攻，在一定程度上削弱了巴比伦的实力。扎格罗斯山脉的游牧部族借机入侵巴比伦，并于前 1595 年成功占领巴比伦。

巴比伦之狮 事实上，"巴比伦之狮"是在尼布甲尼撒王宫遗址发现的一座赫梯雕塑。考古学家推测，该雕塑可能是一件战利品，与之一同发现的文物还包括尼尼微的石碑和马里的浅浮雕。

马的驯养 前 1800 年，马的驯养和马拉战车的应用赋予游牧部族（尤其是胡里特人）巨大的军事优势，使其得以深入巴比伦王国的领土范围。

巴比伦神纳布的雕像

马尔杜克偏爱的儿子

最初，纳布被称为"马尔杜克的书史与使者"，后来逐渐成为马尔杜克最偏爱的儿子。在庆祝新年时，人们会将纳布以及其父马尔杜克的雕像一起从波尔西帕运往巴比伦。后来，纳布接替迦勒底神话中的尼萨巴（Nisaba）女神，成为掌管书写与学问的守护神。他的标志是一块带有尖笔的泥板，常常骑着马尔杜克赠予他的巨龙或是双脚站立，两手相握，以古代祭司的姿态出现。对人类而言，纳布的权力很大，因为他负责在泥板上书写每个人的命运。

名字的来源 纳布（Nabu）有可能是由"nb"衍生而来，意为"呼唤、宣告"或"被呼唤的人"。也有可能是来源于"ne/abu"，意为"闪闪发光的"。《圣经》中称其为尼波（Nebo《以赛亚书》Isaias 46:1；《耶利米书》Jeremias 48:1）。

"空中花园"

希腊人宣传并推广了"空中花园"的概念。这一概念一直保留在世界文化中，并使巴比伦这座美索不达米亚城市成为模范之城。事实上，人们对空中花园知之甚少。"空中花园"一词源于对希腊"kremastos"一词的错误翻译，拉丁语中与其对应的是"pensilis"，意为"突出的"，而非"悬挂的"，就像阳台一样。

❖ 这是18世纪时的一幅插图，再现了巴比伦"空中花园"的景象

纳布 被尊为巴比伦书写与智慧之神，是马尔杜克与扎巴尼图姆（Zarpanitum）之子。起初，纳布是闪米特族的神祇之一，后由阿摩利人传入美索不达米亚。在马尔杜克成为巴比伦主神的同时，纳布被供奉在波尔西帕的埃兹达神庙中。

神话与信仰

神话与信仰

篝火与金字塔

马丁·布伯（Martin Buber）在《摩西》(Moses) 一书中提出，人类历史上有两个伟大的传说："篝火的传说与金字塔的传说"。前者代表游牧生活，后者则代表定居生活。篝火代表着游牧民族前进途中在每个停留之处燃起的篝火，金字塔则代表着地理范围的界定。在一定的地理范围内，人们建立了社会结构，划分了社会等级。金字塔的最高处对应的是政府，是权力中心。

迦勒底神话是苏美尔、亚述和巴比伦神话的融合，历史学家将其纳入"美索不达米亚神话"体系。用布伯的话说就是，从游牧生活向定居生活的转变是一种世界观的映射。尽管迦勒底并未将底格里斯河与幼发拉底河流域之间的所有土地纳入其统治疆域，但它留下的深刻印记却遍布整个近东。人们从游牧生活到建立城邦，这一转变起着非常重要的作用。迦勒底许多神话与传说都渗透到了后继文化对神的想象中，包括古埃及以及后来希腊和罗马的宗教形式。尽管苏美尔人奉行多神教，拥有许多拟人化和动物化的神灵，并以此代表超越尘世和人类的力量，但从犹太教（据《圣经》记载，犹太教的摇篮是美索不达米亚的乌尔）、基督教和伊斯兰教这世界三大一神教中仍可窥见苏美尔人的世界观。

同世界上大多数宗教一样，迦勒底人和苏美尔人也树立了"神会惩罚人类犯下的罪行，也会奖赏人们的善举"这一观念。当然，对"恶"的判断基于是否违反了金字塔顶端权力机构制定的规则，而对"善"的判断则基于其是否对维护和加强社会秩序做出了贡献。对一个已经出现等级分化的社会来说，这已然是一种典型的特征，即统治阶级拥有政府的权力，这种权力也就意味着可以禁止或控制其他社会阶层的权力，或是对其他阶层进行制裁、授权。

塔庙的象征意义

毫无疑问，塔庙是古代美索不达米亚具有标志性的神庙建筑。这种建筑的造型与布伯所说的金字塔的象征意义相对应。美索不达米亚地区有很多类似的建筑，它们彼此之间仅存在微小的差异。塔庙属于阶梯式金字塔。起初，塔庙的建筑设计主要包括简单的基台和上层用来朝拜的场所两个部分，后来人们开始修建多层平台并在顶部修建圣殿，由此打造了一个真正的建筑奇观。塔庙的底层可以是长方形、椭圆形或正方形。内部由晒干的砖块修砌而成，外部则由烧制的普通砖块或色彩缤纷的釉面砖块衬砌。塔庙侧面建有层层阶梯，有些塔庙的阶梯盘旋而上，直至顶层，最终通往进入内部区域的大门。

❖ 马里王国总督兼高级祭司埃比·伊尔（Ebih-IL）的雕像，发现于伊拉克伊什塔尔神庙遗址，可以追溯到前 2400 年。

❖ **巴比伦之门** 伊拉克萨达姆·侯赛因（Saddam Husseim）执政时期，曾下令按原样重建已成为废墟的古巴比伦城门。

❖ **陶器** 欧贝德时期生产的陶杯，可以追溯到前 4500 年。这种陶杯在当时的美索不达米亚非常常见。

迄今为止，保存最为完好的塔庙是恰高·占比尔塔庙（达·翁塔希塔庙），位于古埃兰王国境内（如今属于伊朗）。在众多遗存的塔庙中，恰高·占比尔塔庙最为突出。该塔庙于前 13 世纪，由翁塔希·纳毗日沙（Untash Napiri-sha）建立，位于苏萨古城（如今的伊朗）附近。而至今尚存的最古老的塔庙则位于卡尚，可以追溯到前 5 千纪。

古代苏美尔的乌鲁克白庙是结构简单的塔庙之一，仅包含基层平台，平台之上筑有神庙。而巴比伦城则建有一座造型较为复杂的塔庙，用来供奉马尔杜克神，可惜，如今只剩下地表的一片废墟。不过，考古发掘和历史参考资料中还提到了一座七层塔庙，其顶部建有一座规模宏伟的神殿。总之，无论建筑造型简单还是复杂，塔庙的结构都表明了新型政治、经济和社会结构的逐渐形成。

奠基神话

苏美尔宗教中的许多故事稍加改动便演变成中东的宗教故事。比如，《圣经》中关于人类诞生、宇宙大洪水和挪亚方舟的传说，都来源于苏美尔神话。这类神话故事的吸收在阿卡德人和迦南各部族的宗教信仰中也有所体现，对后世宗教均产生了重要影响。比如，希腊神话中珀耳塞福涅（Per-sephone）女神下嫁冥王哈迪斯（Hades）的故事，就是改编自苏美尔神话中伊

齐姆瑞·里姆王宫

❖❖❖

马里国王齐姆瑞·里姆（Zimri-Lim）在败给巴比伦军队后舍弃了他的宫殿。巴比伦国王汉穆拉比决定将其保存下来并据为己用，宫殿由此免遭破坏。宫墙上绘有大量壁画，正是马里王国社会生活的写照。在围墙内，人们还发现了 20 000 多座石碑，上面记载着当时的重大事件和主流信仰。其中一段碑文讲述了人们如何在国王齐姆瑞的寝宫屋顶上发现一头狮子，以及守卫如何将其收服、关入笼中并幽禁在花园里的故事。此外，许多石碑都提及了国家遭受蝗灾，农作物受损严重。上面记载的解决方法多种多样，其中包括制造噪音来驱赶蝗虫。

南娜（Inanna，即伊什塔尔）女神下冥界的故事。

在美索不达米亚，秋天和冬天是大地恢复力量和纯洁的季节，而春天和夏天则是绽放与孕育的季节。在苏美尔人眼中，季节的变换与宗教有着莫大的关联：秋天和冬天，人们会感受到冥界带来的影响，前往那里的人和事无一可以返回，去那里就是走向污秽、邪恶、

❖ **在祈祷的人** 这座雕像刻画的是一个正在向神祈祷的苏美尔人，雕像大约可以追溯到前 2600 年至前 2350 年。

遗忘和已逝之人。而死亡可以净化一切，带来新的生命。春天和夏天便象征着新生命的诞生。

作为传统的一部分，伊南娜下冥界象征着苏美尔新年的开始。身为爱神和战神，伊南娜无法在冥界长时间停留。因此，她往往在下界三天之后，在坠入其他宇宙的地狱之前，便返回人间。为了惩治伊南娜下界，她被罚与丈夫分管四季——丈夫杜姆兹（Dumuzi）掌管秋冬，伊南娜则掌管春夏。

创世传说

苏美尔人认为，宇宙的形成源于混沌女神纳穆（Nammu）分裂自我，并自发孕育出天神"安"（An）与地神"祺"（Ki），后者通常被称为"宁胡尔萨格"（Ninhur-sag）。不管这一自我创造是如何衍生出多神教的，有意思的是，混沌（《旧约》中的"tohu va bohu"）中心发生的自然孕育在一千年后被中世纪卡巴拉主义者用来解释宇宙的诞生。卡巴拉主义代表人物之一艾萨克·卢里亚（Isaac Luria）在其"回归"理论中指出，上帝在创造世界之前进行了"收缩运动"，通过收缩自身为创造宇宙准备足够的空间。

在迦勒底与苏美尔神话中，安与祺的结合孕育出了恩利尔。恩利尔作为风神与空气之神接替安成为众神之王。然而，他侵犯了宁利尔（Ninlil），因此被逐出众神之家提尔蒙（类似于希腊神话

迦南诸城

人们在奥龙特斯河岸边的卡特纳和阿拉拉赫遗址发现了许多泥板，上面记录着关于巴比伦王国统治下的迦南诸城的珍贵信息。埃及史料记载，有位来自尼罗河流域、名叫西努赫（Sinuhe）的旅行家曾遍游巴勒斯坦地区。那里是游牧民族的聚居地，但在当时也已建立了许多大型城市。城市中心对区域贸易有着非常重要的作用，这在有关巴比伦第十一王朝的记载中有所提及。此外，泥板上还记录了耶路撒冷、亚实基伦、贝特谢安和比布鲁斯的相关信息。一个世纪后，这些迦南城市脱离了巴比伦王国，开始建立自治政权。随后，来自埃及的犹太人抵达迦南，巩固了迦南诸城的自治权，并建立了联合王国。《圣经》中的大量记载证明，希伯来人与定居在小亚细亚和巴勒斯坦的部族之间曾多次爆发战争。对埃勃拉、示剑和哈佐尔城的考古发掘表明，这些地区存在许多四周建有围墙的神庙，这是青铜时代晚期的建筑特征。联合王国国王所罗门（Salomón）在耶路撒冷建造神庙时可能正是借鉴了这种建筑造型。

中的奥林匹斯山）。不久，宁利尔便诞下了月神"辛"（Sin），苏美尔人称其为"南纳"。

辛与宁迦尔结合，生下爱神与战神伊南娜以及太阳神乌图（即沙玛什），这对孪生兄妹的形象在墓碑上十分常见。恩利尔在流放期间，又使宁利尔受孕生出了三个冥界神灵。其中，最重要的是涅迦尔（Nergal）。纳穆孕育了恩基（Enki）。恩基又被称为"阿卜苏"

❖ **马**　亚述人制作了很多关于马的浮雕，因为马的驯养和使用是其军队能否所向披靡的决定性因素之一。

❖ **亚述浅浮雕** 这幅浮雕描绘了一名亚述士兵与狮子决斗时的场景。狮子是亚述的代表动物之一，象征力量与残暴。（见下图）

（Abzu，深渊）之神，负责掌管宇宙法典（Me），里面记录着所有神圣的法令，包括基本的日常事务，以及礼拜与社会法律等复杂事物。

名字的重要性

《埃努玛·埃利什》（Enūma Elish）是一部巴比伦史诗，即"其时居于上"，讲述了世界的起源。这部创世史诗被刻在数块泥板上，发现于尼尼微亚述巴尼拔图书馆。每块泥板上大约有115 至 170 行楔形文字，可以追溯到前1200 年。整部史诗由成对的诗句构成。例如，其中有两句诗是："其时居于上者未为天，其时居于下者未为地。"

有趣的是，根据苏美尔的宇宙论，没有名字的事物便意味着不存在。这是对唯名论最古老的描述，对后来的世界文化产生了巨大影响。在犹太人的传统中，上帝（《旧约》中耶和华）的名字是不能念出来的（不能妄称上帝的名字），这是所有一神教的关键。

如果说于苏美尔人而言，没有姓名意味着不存在，那么，对希伯来人来说，确定上帝的名字（即四字神名）就意味着获得生命的无限源泉。事实上，即使符号截然不同，但上述两种不同的宇宙论概念却有一个共同的基础，即唯名论。尽管根据《创世记》的记载，上帝命令亚当和夏娃，也就是人类，为世界上所有无生命的、有生命的事物命名。

根据《埃努玛·埃利什》的记载，在苏美尔神话中，海神迪亚马特（Tiamat）与淡水神阿卜苏（Apsu）结合孕育出了众多神。阿卜苏逐渐对他们感到厌烦并决定将他们全部杀死。然而，阿卜苏的后代厄亚（Ea）通过法术预先知晓了阿卜苏的计划，于是将阿卜苏催眠后杀害。厄亚，别名努迪穆德（Nudimmud），与达姆金娜（Damkina）结合，诞下马尔杜克。后来，迪亚马特决定为夫报仇，试图推翻马尔杜克的统治。她将权力让渡给她的第二任丈夫金固（Kingu），并将"命运泥板"交付给他。最终，马尔杜克在对战中获胜。获胜后，他决定创造人类并将其命名为"人"。而人的主要任务是为众神服务。当巴比伦城成为美索不达米亚的都城后，其守护神也成了众神之王。因此，马尔杜克，光明与秩序之神，理应击败黑暗与混沌之神迪亚马特。

《埃努玛·埃利什》的作者创作这部史诗旨在详细地讲述马尔杜克是如何掌权并创造世界的。简言之，这部史诗是一部"秩序"与"混沌"的永久抗争史。二者之间的冲突被各大宗教视为永恒的矛盾。

乌尔商人的等级

在对乌尔进行考古挖掘的过程中，考古学家发现了大量泥板，上面记录了国王冈古农（Gungunum）统治期间的相关信息。根据泥板上的内容可以推断出，当时美索不达米亚、小亚细亚和地中海东部之间的密切贸易往来不再依赖政府，而是由富人直接控制。富人会获得固定收益，以此抵消他们为扩大交通建设投入的资金。不论是建造城市的神庙还是冈古农的王宫，他们都须缴税，这些商人被称为"alik Dilum"（去迪尔蒙的旅行者），因为他们的豪宅位于迪尔蒙港口。这些商人甚至与远东国家保持着一定联系。根据一块泥板上的记载，这些国家曾经有一次运送了17吨青铜到迪尔蒙。除了青铜，乌尔商人还会进口奢侈品，比如阿富汗北部的青金石和水中珠宝——这种乳白色的珠子由恩基管辖，俗称"鱼眼"，又被称作珍珠。作为交换，乌尔商人则向外出口白银、油、纺织品和大麦。美索不达米亚与印度也保持着密切的往来，其贸易线路甚至辐射到了底格里斯河与幼发拉底河2500千米以外的地方。乌尔王朝衰败后，腓尼基人开始控制贸易，并将贸易范围扩大到了地中海西岸地区。

❖ **乌尔纳姆石碑**　这幅墓碑细节图刻画了国王乌尔纳姆（Ur–Nammu）向守护神南纳献礼的场景，可以追溯到前2060年。

美索不达米亚众神

　　尽管迦勒底的领土并未囊括整个美索不达米亚地区，但迦勒底神话，即美索不达米亚神话，却涵盖了苏美尔、亚述和巴比伦神话中的众神。苏美尔人推行多神教，崇拜拟人化的神灵，认为神灵代表着世界的某种力量或存在。尽管如此，神话中的众神创造人类的目的却十分一致，即让人类成为自己的仆从。不过，为了说明迦勒底和苏美尔、亚述等神话的共同点，最终众神还是解放了人类。苏美尔宗教中的许多传说与近东其他宗教的故事内容基本相同。◆

国王乌尔尼那（Ur－Nina）　众所周知，拉伽什是苏美尔时期至关重要的城市之一，由国王独立统治。在拉伽什的众位国王中，乌尔尼那最为突出，因其功绩卓著而被奉为神（上图是一座源自美索不达米亚地区的乌尔尼那雕像）。

手持权杖的巴力神（Baal，前19世纪）

巴力神

　　一般来说，巴力是雨神和战神，但在小亚细亚地区的许多村落中，他可能被视为太阳神。巴力与希伯来语的"主"含义相近，他的信众十分广泛，包括腓尼基人、迦勒底人、巴比伦人、西顿人和非利士人。在《旧约》中，巴力是希伯来人放弃一神信仰后崇拜的伪神之一。

护身符　尽管身为邪神，但帕祖祖（Pazuzu）并不完全仇视人类。当时人们的护身符上往往还绘有帕祖祖的形象，以此来驱逐他的妻子兼敌人拉玛什图（Lamashtu）。后者同样也是魔鬼，以新生儿和小孩的母亲为食。

邪神帕祖祖的雕像（前7世纪）

邪神帕祖祖

　　对苏美尔人、亚述人和阿卡德人来说，帕祖祖是暴风魔王。于苏美尔人而言，帕祖祖还代表着西南风，会带来风暴、灾害、混乱和疾病。帕祖祖的整体形象由人的身体、狮子或狗的头颅、羊的角和猛禽的爪子构成。

游行大街

　　前7世纪末，国王纳波帕拉沙尔（Nabopalassar）建立了新巴比伦王国，由此，巴比伦跟随迦勒底人再度登上历史舞台。他的儿子尼布甲尼撒二世（Nebnchadnezzar II el Grande）随后继任王位，成为巴比伦历史上最重要的国王之一，其统辖区域从美索不达米亚一直延伸至叙利亚和地中海沿岸。尼布甲尼撒二世热衷于城市的美化建设，他下令修建了许多宏伟建筑，包括建造"游行大街"，用于公共宗教庆典。

◆ 古巴比伦城的游行大街

女神阿斯塔特 （Astarté）的坐姿雕像

阿斯塔特

　　阿斯塔特是苏美尔女神伊南娜在腓尼基文明中的化身，阿卡德人称其为伊什塔尔。根据《旧约》的记载，以色列人又称她为亚斯他录（Astaroth）。阿斯塔特是自然、生命和丰产女神，同时还象征着肉体的欢愉。随着时间的流逝，她逐渐演变成战争女神，并因此受到了嗜血者的供奉。她通常以裸体的形象出现，几乎没有纱巾裹体。

亚斯他录　阿斯塔特在希腊神话中与女神阿芙洛狄特（Aphrodite）和得墨忒耳（Demeter）相对应。在《旧约》中，她的名字通常以阴性复数形式出现，即写作Astaroth（亚斯他录）。

身份　阿斯塔特的身份地位相当于阿斯塔尔（Astar，阿比西尼亚女神）、阿塔尔（Athar，南阿拉伯丰产和降水之神）、伊什塔尔（美索不达米亚女神）和伊南娜（苏美尔爱情、自然和丰产女神）。

马尔杜克　被称为"伟大的主神"，他的父亲是厄亚，妻子是女神萨帕尼特（Sarpanit）。马尔杜克掌控蔬菜的生长与水的肥力。他是巴比伦人眼中的众神之王，在与女神迪亚马特的对战中获胜。此外，他还拥有一只圣宠：一条传奇的巨龙，名叫西鲁什（见下图）。马尔杜克常常手持宝剑，与西鲁什龙一起出现。

最具威严的神

　　狮身人面像或者拥有人首的公牛与狮子是亚述艺术的典型特征。波斯艺术继承了亚述艺术，因此也带有这一特征。事实上，这种艺术形象在迦勒底艺术中已有先例。这些形象多为有翼生物，由人脸、公牛或狮子的身体以及鹰翅构成。他们是亚述人最敬畏的神，其雕刻往往被安放在王宫的大门口。

❖ 雕刻有兽形神像的浅浮雕

献礼

　　乌尔纳姆建立了乌尔第三王朝后，苏美尔文明得以复兴。为了保障自身权力，乌尔纳姆在前2110年击败了拉伽什国王纳马哈尼（Nammakhani）。此次胜利使乌尔纳姆获得了苏美尔诸城的支持，他进而征服了乌鲁克并自封为王。乌尔纳姆声称自己与吉尔伽美什同根同源，是乌鲁克诸位传奇领袖的继承者。

❖ 乌尔纳姆雕像的细节图，描绘了国王乌尔纳姆向月神南纳献礼时的场景

世界观

　　苏美尔的世界观是美索不达米亚一切宗教信仰的基础，并被罗马、希腊等后来的文化所吸收，随后逐渐成为各大一神教的重要组成部分。根据希伯来人的说法，许多神话，诸如《律法书》（Torah）中的宇宙大洪水和神的起源，以及基督教的单性生殖（圣女为遵从圣灵而选择的生殖方式）都与美索不达米亚的宗教世界观有一定联系。此外，包括天使与魔鬼在内的许多神灵的形象，也都来源于底格里斯河与幼发拉底河流域。◆

地基钉　为了确保神庙或宫殿顺利建成，通常人们会在地基中埋入"地基钉"：一种小型雕塑，往往是祈愿者的形象（如左图）。

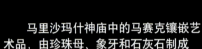

马里沙玛什神庙中的马赛克镶嵌艺术品，由珍珠母、象牙和石灰石制成

内脏占卜术

　　当时的"盛会"由祭司定期组织，包括祭祀、宴会和游行三个部分。这类庆典往往所有人都会参加，但奴隶有可能会被排除在外。其中，祭祀的部分还包括研究动物内脏，尤其是飞禽的内脏，"解读"它们在祭坛上的外观和状态。人们相信通过这些征象可以预测未来，例如，农业生产、灾害等。

在迪亚拉河发现的雪花石膏雕刻品，可以追溯到前2700年左右

祈祷者

　　由于需要日常劳作，苏美尔人无法整日敬拜神灵，他们便将呈祈祷姿势的小雕塑（如左图）留在神庙中。这些雕塑是人们用来代替自己朝拜的工具。人们相信，每一座雕塑都被一个独有的灵魂赋予了生命。这种将宗教礼拜委托给他人的普遍需求推动了神职人员的产生。

当时的人们往往会向不同的神灵祷告。一般来说，主要的对象包括：主神恩利尔（众多小神的父神）；爱神与战神伊南娜；水神恩基（与山神宁胡尔萨格长期不和）。

惩罚　美索不达米亚盛行多神教，每座城市都供奉着不同的神，但也有一些神受到共同敬拜。众神会用各种形式的灾难惩罚人类所犯下的罪行。

美索不达米亚神话

　　迦勒底神话通常讲述的是地球和事物的起源，并试图解释城市与世界秩序的建立，为各种现有的社会群体辩护。在所有故事中，神与人都保持着一定的联系，由此催生出史诗和传说。故事中的英雄往往要经历漫长而充满危险的旅程，这些经历最终与来世息息相关。

❖ 亚述巴尼拔王室狩猎后举办宗教仪式的场景

祭祀　从早期游牧时代起，美索不达米亚人民就赋予了牛特殊的价值。牛在农业生产中发挥着重要作用，可用来牵拉重物，因而被神化。将牛作为祭品也具有特殊含义。古埃及人对阿匹斯神牛（Apis）的崇拜正是起源于美索不达米亚。

献祭　献祭是最重大的宗教仪式之一。值得注意的是，在《旧约》中，一神教中的上帝也是献祭的对象之一。

颂歌　在宗教庆典中，人们通常会齐唱颂歌，歌颂众神、国王、城市或神庙。而哀歌则讲述灾难，即人们遭受神的惩罚，如城市被毁或遭遇大饥荒等。哀歌的作用可能是向误入歧途的人们发出警告。

对话　对话诗是苏美尔礼仪的产物，基于对立概念中包含的矛盾关系。此外，谚语也是宗教文本的重要组成部分。

苏美尔雕像

公元前 3 千纪，在美索不达米亚地区，统治者与贵族们往往在神庙中放置自己的雕像，以代替他们时时刻刻向神祈祷。考古学家在楚艾拉土丘、亚述、马里、苏萨，以及苏美尔和阿卡德等多个人类定居点遗址均发现了此类雕像。总的来说，这类雕像大多体态僵硬，但我们能够发现，这类雕像受到了阿卡德王朝的影响，并且在前 2334 年至前 2154 年逐渐形成其独特的风格。◆

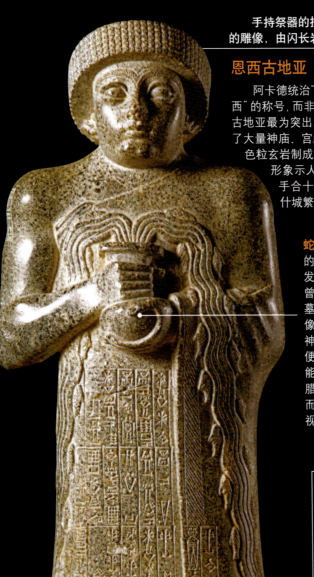

手持祭器的拉格什统治者古地亚（Gudea）的雕像，由闪长岩制成

恩西古地亚

阿卡德统治下的拉格什王朝往往冠以统治者"恩西"的称号，而非"国王"。在拉格什的历任统治者中，古地亚最为突出。他在位时间长达 15 年，其间建造了大量神庙、宫殿，以及约 30 座由蓝色闪长岩或黑色粒玄岩制成的雕像。此外，古地亚总是以"僧侣"形象示人，他身着长衫，肩膀裸露在外，双手合十呈祈祷姿态。在其统治期间，拉格什城繁荣昌盛，百姓安居乐业，受益颇多。

蛇饰器皿　欧贝德是美索不达米亚南部的一个人类定居点。在其遗址中，人们发现了一种特殊文化的痕迹。这种文化曾遍及整个中东地区。在欧贝德遗址的墓葬品中，考古学家发现了大量蛇首雕像，这主要是由于当时的人们敬奉地母神（Diosa Madre），而地母神的象征物便是蛇。在许多文化中，蛇被视作一种能给人类带来恩惠的动物，即便是古希腊罗马世界的人们也秉持这一观念。然而，犹太-基督教从原罪的视角，将蛇视为邪恶的化身。

圆石　大部分雕像的头盖骨都又大又圆，上图的祭司雕像就是一个很好的例证。显然，这种形象符合早期苏美尔人与迦勒底人的种族特征。此外，雕刻所用的材料通常是从河流或火山岩中采集、挖掘出来的圆石，这也是促成上述现象的主要原因。

苏美尔女性雕像，可以追溯到前3千纪

女性

整个美索不达米亚地区鲜有刻画女性形象的雕塑，但在尼普尔伊南娜神庙遗址中，考古学家发现了许多出双入对的雕像。其中，男性往往搂着女性的肩膀，且都长着浓密的胡须，以便和女性区分。此外，女性雕像的眼睛都很大，周身用鲜艳的色彩或特殊材料进行装饰，十分夺目。

苏美尔男性雕像，可以追溯到前3000年至前2500年前后

泰勒艾斯迈尔的雕像

　　泰勒艾斯迈尔考古遗址群占地约 1 平方千米，邻近充当城市防御屏障的崎岖地带。其中，北宫作为寝宫占地约 0.2 公顷（长 66 米，宽 30 米），这里建有多个重要的水利工程。阿布神庙坐落在北宫一侧，考古学家在此发现了 11 座乌鲁克与阿卡德时期的雕像。

原料　在美索不达米亚，可制作雕刻品的原材料多种多样，其中，各种类型的石灰岩、火山岩、石膏、黏土、雪花石膏以及青金石最为普遍。但是，这些最常用的材质不够坚固，许多文物也因此难以抵御恶劣气候的侵袭和人为的掠夺。

尼普尔的祈祷者

　　尼普尔是苏美尔时期的一座城市，其历史可以追溯到前 5 千纪。城内建有供奉创世神之一，即主神恩利尔的神庙。此外，还有火化死者的墓地。在陵墓遗址中，考古学家发现了许多祈祷者雕像。

❖ 在尼普尔发现的祈愿者雕像

献祭游行

　　向特定的神祇献礼是游行仪式的环节之一。根据季节的变换与农作物轮作的情况，人们向神献上符合时令的祭品，以确保日后农耕的顺利进行。土地与自然之神伊南娜是美索不达米亚人民格外尊崇的神灵。

❖ 该器皿的细节图刻画了人们向女神伊南娜献礼时的场景

塔庙造型

塔庙是美索不达米亚神庙的一种，与阶梯金字塔的造型相似。最初，塔庙仅仅是一座建立在简单基台上的神庙，后来人们开始修建多层平台，并在顶部修建圣殿，由此打造真正的建筑奇观。塔庙的底层可以是长方形、椭圆形或正方形。内部由晒干的砖块修砌而成，外部则由烧制的普通砖块或色彩缤纷的釉面砖块衬砌。塔庙侧面建有层层阶梯，有些塔庙的阶梯盘旋而上直至顶层，最终通往塔庙的入口。◆

巴别塔　根据一些神秘的传说，巴比伦的马尔杜克塔庙便是《圣经》中描绘的巴别塔。在乌鲁克遗址中发现的埃萨吉拉石碑上记录了一座类似的塔，该塔矗立在一座长412米、宽46米、高91米并覆盖厚达15米砖层的长方形土丘上。

塔庙造型图

从三层塔庙到七层塔庙

前2100年前后，苏美尔国王乌尔纳姆下令修建了乌尔塔庙，用来供奉月神南纳。大约1500年后，最后一任巴比伦国王那波尼德重建了乌尔塔庙，在原有的三层塔庙基础上又加盖了四层。

43米 / 62.5米 / 11米

原塔庙的基台规模

神权

随着社会等级的不断分化，追求权力的统治阶层随之诞生。在此基础上，阶级结构塑造出了新的标志。塔庙突出的垂直结构也体现了相同的观念。由于塔庙带有宗教特质，因此在其他阶层的民众之中也得到了广泛传播。由于神的存在超出了人类的掌控范围，因此社会权力顺理成章成为神界的代名词，国王也就成了神。

排水　在塔庙基层平台的侧面往往建有垂直的排水管道以便引排雨水。此外，还设有大量的窗户，以改善通风状况，降低室内潮湿度。

广为流传的建筑范式

乌尔塔庙的造型被大部分美索不达米亚部族广泛借鉴。加喜特人、埃兰人、米坦尼人、胡里特人、亚述人，以及其他部族纷纷根据该建筑形制建立了自己的塔庙。

乌尔
位置：阿勒－穆卡亚（伊拉克）
年代估测：前2100年

恰高·占比尔
位置：迪兹富勒（伊朗）
年代估测：前13世纪

杜尔－库里加祖
位置：阿卡尔库夫（伊拉克）
年代估测：前14世纪

波尔西帕
位置：比尔斯尼姆鲁德（伊拉克）
年代估测：前18世纪

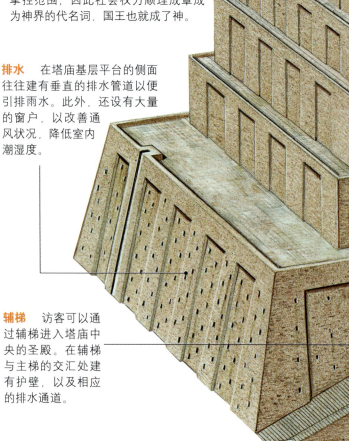

辅梯　访客可以通过辅梯进入塔庙中央的圣殿。在辅梯与主梯的交汇处建有护壁，以及相应的排水通道。

关于塔庙形制的三种理论

塔庙采取的是层叠累加的建筑形式，由低到高，规模递减。各层之间由巨大的阶梯相连，最高处设有小型圣殿。尽管这种建筑设计的目的尚不明确，但其垂直结构与国家权力以及统治阶层的构成十分吻合

1 大部分历史学家认为，塔庙是连接神与人的桥梁，通过塔庙对人民管理是统治阶层实现社会控制的一种体现

2 另一种理论认为，美索不达米亚新来的定居者通过塔庙的形式重建了他们在扎格罗斯山上的神殿

3 人们还认为，塔庙仿照原始山脉的形态而建，具有一定的象征意义。因为原始山脉是创世神话中的一大要素

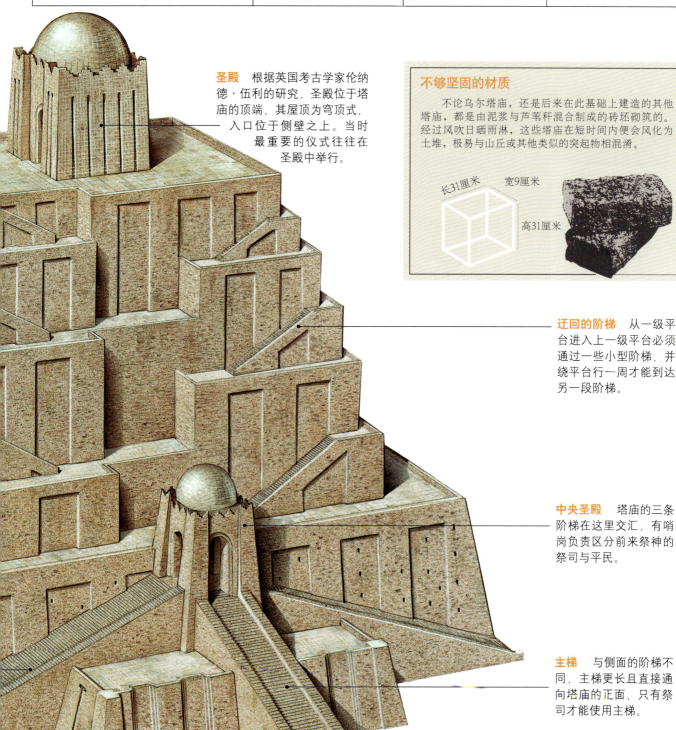

圣殿 根据英国考古学家伦纳德·伍利的研究，圣殿位于塔庙的顶端，其屋顶为穹顶式，入口位于侧壁之上。当时最重要的仪式往往在圣殿中举行。

不够坚固的材质

不论乌尔塔庙，还是后来在此基础上建造的其他塔庙，都是由泥浆与芦苇秆混合制成的砖坯砌筑的。经过风吹日晒雨淋，这些塔庙在短时间内便会风化为土堆，极易与山丘或其他类似的突起物相混淆。

长31厘米　宽9厘米　高31厘米

迂回的阶梯 从一级平台进入上一级平台必须通过一些小型阶梯，并绕平台行一周才能到达另一段阶梯。

中央圣殿 塔庙的三条阶梯在这里交汇，有哨岗负责区分前来祭神的祭司与平民。

主梯 与侧面的阶梯不同，主梯更长且直接通向塔庙的正面，只有祭司才能使用主梯。

乌尔王陵

　　1927 年，英国考古学家伦纳德·伍利（1800–1960）在乌尔古城的废墟中发现了一座王陵。经过 4500 年漫长的岁月，乌尔王陵依旧保存完好，并未遭到盗墓者的洗劫。在对其进行考古挖掘的过程中，伍利发现了大量首饰与珍宝，价值无法估量。在其中一座陵墓中，伍利发现了一个刻有苏美尔语的滚筒印章，并由此确认了普阿比（Pu–Abis）王后的身份。普阿比王后的遗体旁有两名侍从陪葬，可能是服毒而亡，以便死后继续服侍王后。◆

地下堡垒的建造

　　乌尔王陵的文物大多可以追溯到前 2600 年左右，这些物品均属于乌尔早期王朝的国王与王后。那时的乌尔未被列入苏美尔王表中。在所有墓室中，普阿比王后的墓室密封完好，里面藏有大量财宝。

普阿比 通过考古挖掘，人们发现了一座真正的陵墓。上面的矩形标记指明了普阿比王后墓的具体位置。

墓室 墓室位于陵墓的底层、墓穴的末端，墓穴由石块和黏土建成，总面积为12平方米。考古学家在墓室旁发现了许多护身符和钵。

狮首
用途：或为护身符
质地：银、青金石和贝壳
高度：12厘米

化妆盒
用途：用于保存颜料
质地：银和青金石
高度：3.5厘米

战盔
用途：苏美尔君王麦斯卡拉姆杜格（Meskalamdug）的物品
质地：金银合金

蛋形罐
用途：用于庆典仪式
质地：金、青金石和石灰石
高度：14.6厘米

普阿比王后的头饰
用途：王冠和耳环
质地：金和青金石
直径：17厘米

普阿比王后 普阿比王后（又被称为舒巴德王后）的遗体被安放在一副木棺中，其身体和面部覆盖着精心设计的珠饰。

幼发拉底河岸

　　前 3800 年左右，苏美尔人在幼发拉底河河岸建立了乌尔城。至前 3 千纪中期，乌尔城已成为美索不达米亚最重要的商业和文化中心之一。这是乌尔文明的第一个黄金时期（前 2100 年前后为第二个黄金时期）。此时的乌尔城占地面积约为 60 公顷。此外，人们还在 16 座乌尔王墓的周边发现了几座神庙。

1. **王陵** 伍利在乌尔发现了约 2 000 座坟墓，但几乎都被洗劫一空。

2. **祭司** 在王陵附近有一栋建筑，里面有单独的小房间供祭司居住。

3. **王子** 有一栋房子上刻有"E–nun–mah"的字样，意为"尊敬的王子的住宅"。

4. **大祭司** 另有一栋建筑上刻有"E–gi–par"，是南纳神的妻子宁迦尔的住所。在这里，人们发现了文书和其他物品的遗骸。

乌尔的集体墓葬区

集体陪葬

　　苏美尔存在着让侍从为国王和王后殉葬的风俗。墓室中往往安放着墓主的遗体，侍从的遗体则分布在邻近的侧室或通道中。在乌尔王陵中，随葬人员达 80 余人。考古学家认为，这些随葬的侍从可能是被祭司毒死的。

守卫　考古学家还在陵墓中发现了五具士兵的遗骨和他们的武器，这些士兵很有可能是驻守墓室的卫队成员。

主葬坑　一些区域的地面被芦席覆盖，还有一些区域的地面经过平整。由于部分原始墙壁尚未被发现，考古学家选择仅在已发现文物的区域进行挖掘。

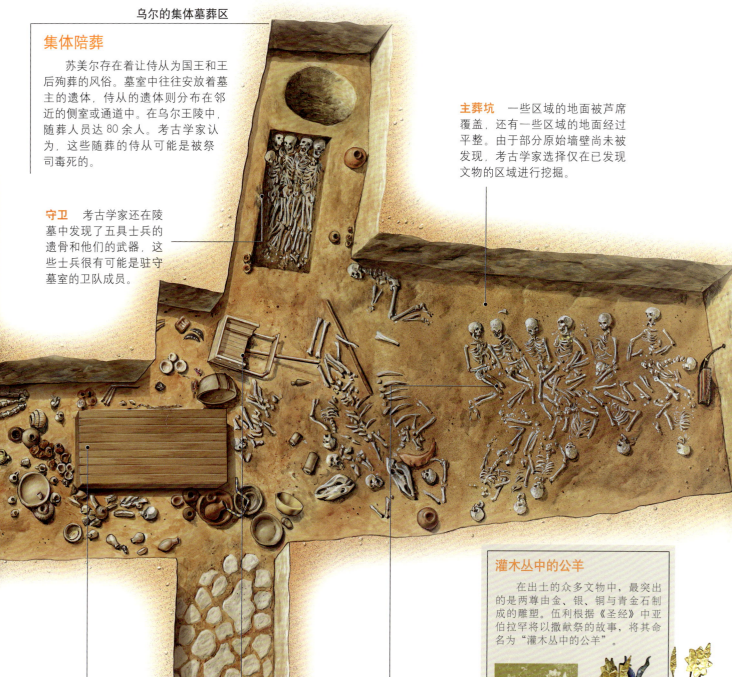

衣柜　考古学家在墓穴中部发现了一个长2.25米的木箱，里面盛放着王后的衣物。当时的苏美尔人相信，逝者可以在冥界继续使用他们在阳世所拥有的物品。

马车与牛　人们还在墓室内发现了马车与两具牛的骸骨。当时很有可能是用牛拉着马车，将王后的遗体运送至墓穴中的。在苏美尔人眼中，牛是神圣的动物。

随从　在墓穴的尽头，人们发现了十多具女性的骸骨，她们身旁埋葬着大量珠宝。其中一名女性死时似乎正在弹奏里拉琴，因为她的手指仍在琴弦之间。

灌木丛中的公羊

　　在出土的众多文物中，最突出的是两尊由金、银、铜与青金石制成的雕塑。伍利根据《圣经》中亚伯拉罕将以撒献祭的故事，将其命名为"灌木丛中的公羊"。

修复　基于考古学家伍利当时发现的上述两尊雕塑时的状态，人们认为有必要对雕塑进行修复。

◆ "灌木丛中的公羊"雕塑

伊什塔尔城门

　　最初，伊什塔尔城门是巴比伦城内墙上的八座大门之一，高14米，宽10米。通过该城门可到达贝尔神庙，人们在那里举行新年庆祝活动。伊什塔尔城门的名称取自巴比伦供奉的女神之一"伊什塔尔"。公元前575年由国王尼布甲尼撒二世建造，使用了大量砖坯。其中，大部分砖块被涂成蓝色，其余的则为金色或红色。◆

城墙与城门 巴比伦的城墙上建有多个城门。其中，最重要的是伊什塔尔城门。通过伊什塔尔城门可以直达贯穿整座城市的游行大街，经过尼布甲尼撒的宫殿和马尔杜克神庙，抵达位于城外用来庆祝新年的神庙。

装饰 伊什塔尔城门并非实心结构，内部有一定的空间。门的顶部和底部均饰有花带，花带边框由两行黄色墙砖铺成，中间是蔷薇花饰。部分原始浮雕目前存放在伊斯坦布尔、底特律和纽约的博物馆中。

马尔杜克，巴比伦城的保护神

　　马尔杜克是美索不达米亚诸神之一，同时也是巴比伦城的守护神。前18世纪，汉穆拉比统治时期，巴比伦王国统一了两河流域，巴比伦城成为幼发拉底河流域的政治中心。这一时期巴比伦守护神马尔杜克也成为众神之首。

◆ 巴比伦某滚筒印章上的图画，刻画了马尔杜克和他的龙

文化遗产

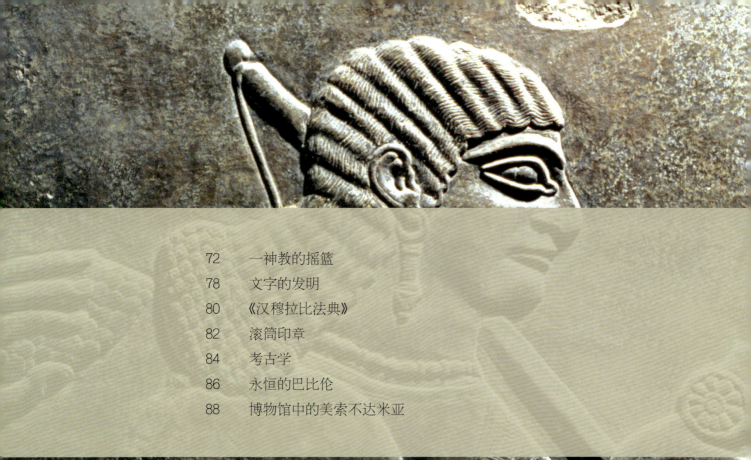

文化遗产

一神教的摇篮

如前文所述，美索不达米亚文明的发展基于人们从游牧生活转向定居生活。这一转变的关键在于，人们掌握了农作物耕种及动物驯养技术，进而推动了农业与畜牧业经济的发展。狩猎与采集已不再是人们维持生计的主要方式。

随着生产方式的改变，家庭秩序也发生了重大变化，社会由母权制转向父权制。起初，男人忙于在外狩猎，女人负责照顾家庭，尤其是照料和养育子女。值得一提的是，"经济"一词源于希腊语"oikonomos"，其中，

"oikos"意为"家"，"nomos"意为"法律"。这意味着，妇女对家庭生活的管理主导着民族的命运。然而，在农田或牧场周边定居的生活方式让男人也得以留在家中。家庭主导权也因此发生了转移。

一夫一妻家庭

父权制社会的要素之一是建立了以男人为中心的家庭模式，即家长制，并且这种家庭模式不断发展，起初是多配偶制，之后是一夫一妻制。这种转变在美索不达米亚文明中得充分认可，并逐渐融入世界文化（尤其是西方文化）中。游牧时期，人们之间存在着毫无限制的性关系，因而难以确定子女的父亲是谁，亲属关系的确定只能通过女性。这也是母权制在美索不达米亚文明之初占据主导地位的原因。

这一时期，女性，尤其是母亲拥有崇高的地位。女性不仅在政治上享有权力（女性当政），在宗教层面也备受尊崇。

进入父权制社会后，女性开始从属于男性，成为男人的附属物。这也意味着，原有的宗教礼法被打破。社

❖ **可怕的亚述战车** 亚述人根据战争的需要对战车进行了改良，使其最终成了"毁灭"的代名词。

会颁布了新的法律，废除了其他男性对某一位女性的传统权利。这种转变解释了为何犹太教与基督教的传统基础，即《圣经》十诫中包含"不可贪恋他人妻子"这一规定。三大一神教甚至对通奸罪判处死刑。

总而言之，新的信仰在美索不达米亚逐渐占据了主导地位，但却仍然保留了母系社会传统的部分要素。需要明确的是，"父权制"不同于"父系制度"。以犹太教为例，尽管犹太教是父权制宗教，但犹太教中的母系传统规定，只有犹太母亲生下的孩子才被视为犹太人。此外，基督教中对圣母玛利亚的推崇在多个方面唤起了古代母权信仰的余念，其万神殿也是由女性神祇主导。

在苏美尔神话中，宁胡尔萨格（又被称为祺）是大地之神，同时也是众神的母神。作为原始神，她掌控着宇宙的命运。进入父权社会后，宁胡尔萨格成为男神恩利尔的姐姐，尽管在其他传说中，她是恩利尔的妻子。有时她还被认为是吉莎尔神（Kishar）的女儿，后者的性别在很长一段时间内难以分辨，但吉莎尔神最终成为男性神。在父权制下，女神宁胡尔萨格彻底变为男性神祇的从属。这一时期，宁胡尔萨格与天神安分离，并被恩利尔带走。宁胡尔萨格又被称为安图（Antu），虽然只有在恩基的协助下，她才能创造出动植物，但仍被视为大部分男性神灵与女性神灵的祖先。

❖ **著名的亚述巴尼拔二世**　尼姆鲁德城亚述巴尼拔二世宫墙上的一幅装饰浅浮雕，刻画了带翼的亚述国王形象。

❖ **楔形文字**　刻有楔形文字的泥板，讲述了
父亲剥夺儿子继承权所衍生的法律问题。

在苏美尔语中，"Ninkhursag"
意为"圣山女神"。宁胡尔萨格拥有
许多其他称号，如："大地女神"祺,"生
育女神"宁图 (Nintu)。此外，她又
被称为宁玛赫 (Ninmakh)，意为"八
月女神"，并因此与地球自转周期及
农耕周期联系在一起。

显然，宁胡尔萨格作为主要的生
育女神，证实了她母亲的身份。在许多
赞歌中，人们称宁胡尔萨格为"真正伟
大的天女"。并且，据说苏美尔的国王
是"喝宁胡尔萨格的乳汁长大的"。

男权至上

随着父权制社会的日益稳定，男
性在家庭中的地位不断提高，男性神祇
在万神殿中的地位也越发优越。通常情
况下，尽管神祇拥有超自然的力量，但
他们仍保有人类的形态和行为，并同人
类一样，具有一定的情感和缺陷。从这
个意义上讲，美索不达米亚的众神超前
于后来的古希腊和古罗马神话。

奇怪的是，在美索不达米亚宗
教想象最为黑暗的角落，部分女性被
赋予了邪恶的特质——在特定的情况
下，某些女性位列众神之中，犯下恶
果，却拥有一定的权力。神话人物莉
莉丝 (Lilith) 便是如此，希伯来东
正教的一些团体至今仍然畏惧她的魔
法。莉莉丝最初是美索不达米亚的神
话人物。阿卡德语名为莉莉图 (Lilitu)，

美索不达米亚的终结

❖❖❖

前 539 年，也就是据说在统治后
期发疯了的尼布甲尼撒二世逝世 23
年后，"亚洲新霸主"波斯国王居鲁
士大帝 (Cyrus the Grreat) 占领了
巴比伦。直至公元前 6 世纪，巴比伦
一直在波斯人的统治下。尽管如此，
与亚述人不同的是，波斯人并未洗劫
或毁灭巴比伦城，而是将巴比伦城发
展为阿契美尼德帝国最强盛的城市之
一。前 331 年，亚历山大大帝攻占巴
比伦城并定都于此。随着希腊文化与
东方文化的不断融合，巴比伦城逐渐
成为当时活跃的文化中心。亚历山大
大帝死后，由塞琉古帝国接管了巴比
伦城。塞琉古帝国由马其顿国王亚历
山大大帝的部将塞琉古一世 (Seleucus
Nicator) 建立。

随着时间的推移，美索不达米亚
文化日渐衰落。美索不达米亚地区
陆续被波斯萨珊王朝和图拉真大帝
(Trajan) 领导的罗马军队占领。115
年，该地区被穆斯林征服，美索不达
米亚文明进而成为伊斯兰文明的一部
分。尽管如此，在之后的几个世纪里，
巴比伦城仍是西亚最重要、最富庶的
商业中心。

❖ **象牙** 这幅象牙浮雕刻画了一位男性修整树枝时的场景。（左图）

音乐遗产——里拉琴

❖ ❖ ❖

里拉琴是苏美尔时期十分流行的乐器，其历史可以追溯到公元前4千纪。在乌尔王陵中，考古学家发现了多架装饰着金、银及贝壳的里拉琴，十分精美。里拉琴琴体硕大，一般为落地式。其音箱仿照公牛的形状打造，象征着繁殖与生育。后来，里拉琴的形状逐渐形成了自己的风格，但前柱上依然保留着牛首装饰。演奏者坐在里拉琴前，双手拨动琴弦。在一些浅浮雕中，里拉琴的琴弦一般为4根、5根或7根。然而，人们在考古过程中也发现了有8根至11根琴弦的里拉琴。琴弦通过弦轴固定于琴身上方的横木，并通过琴桥连接到音箱。其两侧琴身往往会形成一定的倾斜，以便演奏者能够触碰到每一根琴弦。

取自词语"lil"，意为"风暴""空气"或"灵魂"。在阿卡德神话中，《以赛亚书》（Isaiah, 34:14）中的莉莉丝与恶魔莉录（Lilu）、阿达特•莉莉（Ardat Lili）和伊德鲁•莉莉（Idlu Lili）属于同一类别。莉莉图译为希伯来语便是莉莉丝。但这样翻译可能会造成术语混淆，因为在希伯来语中"leil"或"laila"意为"夜晚"而非"空气"，这突显了这一恶魔是在夜

间出没。得益于犹太教法典《塔木德》的记载，莉莉丝的传说流传至今。

根据《创世记》（1:27）的记载，莉莉丝是亚当的第一任妻子。在讲述上帝耶和华将夏娃赐予亚当的故事之前，书中写道："上帝照着自己的模样创造了人类；创造了亚当；创造了男人与女人。"事实上，《圣经》曾两次说明人类的起源，第二次说明是在《创世记》（2:4-25）中。犹太教有一项传统是在新生儿的脖子上佩戴护身符，因为恶魔莉莉丝会在新生儿诞生后的7天内到处巡游，杀害婴儿。在新生儿诞生后的第八天，人们会为婴儿执行割礼，完成与上帝的约定，危险便会消除，但在此之前唯有祷告才能使婴儿免遭莉莉丝的迫害。

❖ **母神** 在埃斯－索万遗址的一座古墓中发现的生育女神像。（右图）

❖ **雕像**　在阿布神庙遗址发现的新娘雕像。阿布是草药女神，同时也是孕妇和产妇的保护神。

一神教

在《圣经》中，十诫的第一条是："除我以外，不可有别的神"（《出埃及记》，Éxodo，20：3；《申命记》，Deuteronomio，5：7）。事实上，《旧约》是一神教的基础与主要来源。随着时间的流逝，希伯来的宗教传统得到了普及，出现了基督教，又出现了伊斯兰教，最终形成了三大一神教，即只信奉某一个神的宗教。然而，若要探究一神教的根源，只有在美索不达米亚文明中才能找到答案。

根据《旧约》（《创世记》15：17）的记载，亚伯拉罕是希伯来人的始祖，同时也是希伯来一神论的创始人。亚伯拉罕出生于乌尔，并在那里受到了耶和华的召唤，耶和华赋予亚伯拉罕传教的重任，从而使耶和华成为众人唯一尊奉的一位神。

《圣经》中，亚伯拉罕的父亲他拉（Teraj）是一名神像雕刻师。亚伯拉罕曾说："这些雕塑有耳朵却听不见声音，有眼睛却看不见万物"。这对物质领域和脱离感官的精神领域进行了明确的分割。

一神论作为一种具有普遍性的抽象理论，具有很高的高度。然而，正是通过那些难以企及的高度，人类第一次展示了人类与地球的独特性。

然而，根据史实，尽管一神教发源于一个多神论文明，但却传递出新的神学理念。事实上，马尔杜克是巴比伦城的主神。公元前 18 世纪，汉穆拉比国王统治时期，巴比伦统一了两河流域，巴比伦城成为整个幼发拉底河流域的政治中心。巴比伦城的经济、军事和政治不断发展和扩张，马尔杜克因此成了美索不达米亚的众神之王。

马尔杜克神最初的性格特点鲜为人知，但无论他原来具备什么样的特征，都会随着幼发拉底河流域政治的不断发展变得日益模糊。马尔杜克吸收了许多早期神祇的特质。为了阐明马尔杜克是如何掌权的，巴比伦人创作了史诗《埃努玛·埃利什》，讲述了马尔杜克的诞生和他的英勇事迹，以表达对"众神之王"的敬意。

许多人类学家认为，无论是希伯来人将耶和华尊奉为唯一的神，还是马尔杜克的掌权史，都带有早期多神论的印记。事实上，亚伯拉罕唯一信奉的神又被称为"阿多乃"（Adonai），在希伯来语中，本意为"主"。当其为复数形式时，与耶洛因（Elohim）一样，对应的含义是"我信奉的神们"而非"我的神"。此外，部分学者认为，基督教"三位一体"的上帝观（圣父、圣子和圣灵）同样也是上述矛盾的一种体现。

亚述巴尼拔图书馆

1847年，英国业余考古学家奥斯汀·亨利·莱亚德在尼尼微古城所在的土丘下发现了辛那赫里布王宫的遗迹，并在其中发现了亚述巴尼拔图书馆。此外，考古学家亨利·罗林森（Henry Rawlinson）还在贝希斯敦的一块石崖上发现了一段多语言铭文（贝希斯敦铭文），该铭文刻于波斯国王大流士（Darius）统治时期。贝希斯敦铭文与罗塞塔石碑一样，是十分重要的发现，有助于专家破译在巴尼拔图书馆中发现的楔形文字。亚述巴尼拔图书馆始建于前722年至前705年，即萨尔贡二世统治时期。随后，由国王亚述巴尼拔下令扩建（前669–前625年）。图书馆位于王宫内部，其中收藏着大量刻有文字的黏土板。据悉，考古学家在王宫遗址中发现了多达22 000块泥板。前612年，巴比伦人在国王那波帕拉萨尔的带领下攻占了尼尼微，亚述巴尼拔图书馆在战争中损毁过半，但它仍是现今已发掘的古文明遗址中楔形文字保存最为完整的图书馆。作为亚述巴尼拔国王留下的文化遗产，这些楔形文字传递了大量与生活相关的信息，展现了亚述人对知识与科学的浓厚兴趣。泥板上的内容十分丰富，涉及各个不同领域，如语法、字典、城市官方名录、数学与天文学著作、巫术、宗教、科学、艺术、历史和文学作品等。其中，《吉尔伽美什史诗》是藏于该图书馆最著名的作品之一，被誉为人类历史上最古老的史诗与叙述诗。

❖ **奥斯汀·亨利·莱亚德** "被埋葬的古城"中的一幅插图。英国业余考古学家奥斯汀·亨利·莱亚德发现了尼尼微古城的遗迹。

文字的发明

　　文字是语言的书面体系，主要形式是在一定载体上刻画符号或图案。最初，人们仅需要一种计算存货（尤其是谷物）和规管易货的简单工具。后来，商业交易变得日益复杂，这种工具经过缓慢而持久的发展，最终演变成了人类最重要的发明——文字。首先诞生的是表意文字（表达意义），接着是表音文字（表示语音）。伟大的苏美尔人，在不知不觉中推开了历史的大门。◆

当时的人们使用刻刀在泥板上书写楔形文字，这是表意文字最古老的形式之一。

伊新遗址出土的泥板（前2000年）

尼达巴赞美诗

　　除了记录国王与众神的传奇故事，苏美尔抄写员还会记录祭司在宗教庆典中朗诵的赞美诗。以"尼达巴赞美诗"为例，讲述了乌尔城在风神恩利尔手中覆灭的故事。尼达巴（Nidaba）是书写女神，同时也掌管刑罚，尤其是惩罚"那些违背契约和偷梁换柱的人"。

度量衡

　　组织生产与贸易不仅需要文字，还需要合适的度量体系，以便核算金、银的量。当时，在美索不达米亚、小亚细亚和埃及，金和银都是用来充当货币的金属。

◆ 左图是苏美尔时期的鹅形器物

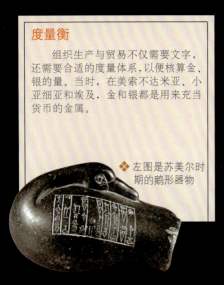

在乌鲁克遗址发现的泥板（前3200年）

向众神献祭

　　这块泥板出土于乌鲁克遗址，是迄今为止在美索不达米亚地区发现的最古老的泥板。上面不仅出现了数字符号（圆圈），还有非常原始的象形符号。东方学专家已经辨认出上面刻有"乌鲁克"与"迪尔蒙"（亚述帝国周边的一个小国）的名称。前8世纪，萨尔贡二世追捕叛变的巴比伦国王。在描述这场战役时，他说道："迪尔蒙的国王乌佩里（Uperi）像鱼一样把家安置在黎凡特海的中央，到这里需要60个小时。他听闻我至高无上的权力，向我纳贡。"

象形文字　起初，每个符号都代表一件实物，属于一种自然主义。之后，符号变得日渐抽象。以"女人"为例，该字呈一个倒三角形状，代表女性的耻骨。

小型收据

　　为了记录商业交易，商人与商店老板用小块泥板充当收据。

文字

　　土地以及其他财产的买卖需要进行大量且详细的记录。右图是用阿卡德语书写的交易记录，可以追溯到前2千纪。

奠基锥

　　人们往往会在建造神庙前将这些奠基锥埋在墙壁下，上面刻着国王的名字和建造神庙的缘由。

数学数据

　　考古学家在遗址中发现了计算面积的文件。右图是乌玛城某块土地的相关数据，可以追溯到前2000年。

双语文本 波斯波利斯的贝希斯敦铭文（上图）是解读楔形文字的关键，该铭文用古波斯语、埃兰语和阿卡德语三种语言刻成。

表音文字 苏美尔人曾使用过约2000个象形文字。随着时间的流逝，苏美尔抄写员发现，根据语音将不同的字符组合在一起可以极大地简化口头语言的书写。就这样，表意文字逐渐被更加抽象、更加有效的表音文字所取代。

楔形文字的演化过程

符号	公元前3200年	公元前3000年	公元前2500年	公元前2300年	亚述
神					
女人					
鱼					
水					
牛					

社会化 随着表音文字的发明与发展，符号开始代表单词的语音与音节，从而使文本的内容日益社会化。

教学活动 在一些泥板上，考古学家发现了志在成为书吏的人在神庙所做的"书法"练习。

砖块 地基砖是奠基锥的另一种形式。如果采用砖块奠基，国王的"签名"会直接出现在神庙的墙壁上。

食谱 人类历史上第一本"食谱"同样来自古老的美索不达米亚，可以追溯到前1900年前后。食谱中收录了多个菜谱，如"炖鸽子"。

《汉穆拉比法典》

　　《汉穆拉比法典》于前1792年制定，是历史上最早的法典之一。该法典汇编了国王汉穆拉比历次的司法裁决，并赋予其法律性质，因此，它并非现代意义上的法律，而且更符合判例法的范畴。这些法律条文与绝大部分古代法规一样，被视为神的旨意，进一步强化了国王是众神的对话者这一形象。在此之前，司法一直由祭司掌管。汉穆拉比实行统治后，统一了司法标准，避免了司法官的主观行为，与此同时，神职人员也失去了以往的权力。◆

《汉穆拉比法典》与妇女　《汉穆拉比法典》是对父权制社会的忠实反映。除了通奸或乱伦案件中会对妇女定罪并判处死刑，该法典很少提及妇女（上图是一幅赤陶浮雕，刻画了一位妇女织物时的景象，可以追溯到前2千纪）。

雕刻在石头上的汉穆拉比时期世界地图

巴比伦王国的司法统一

　　汉穆拉比认为，必须将其统治区域内的法律法规撰写成文以取悦众神。与昔日以及同时期的其他统治者不同，汉穆拉比认为自己与神灵无关。他自诩为"四方之王"，"四方"即东、南、西、北四个方向。《汉穆拉比法典》的复制品遍布整个王国，因为汉穆拉比意识到，司法的统一是确保国家统一的重要因素之一。

地图绘制法　令世人惊奇的是，世界上最古老的地图之一竟然呈圆形。尽管如此，但这并不意味着绘图者认为地球是圆的，因为在当时，圆圈是权力的象征。

政治与宗教用途

　　《汉穆拉比法典》对美索不达米亚地区所有人民都产生了巨大影响。随着巴比伦遭到入侵，《汉穆拉比法典》石柱在公元前1200年前后被转移到了埃兰古城苏萨，即如今的伊朗境内。1901年12月，雅克·德·摩根（Jacques de Morgan）率领的考古探险队在苏萨发现了《汉穆拉比法典》石柱。该石柱随后被运送到法国巴黎，并由神父让·文森特·谢尔（Jean-Vincent Scheil）将石碑上的内容翻译成了法语。后来，《汉穆拉比法典》被法国卢浮宫收藏并展出，至今依然保存在馆中。

图图卜古城遗址出土的浮雕

同态复仇法

　　右图刻画了执行死刑时的场景。所谓"同态复仇法"，也就是《旧约·利未记》（Leviticus）中所说的"以眼还眼，以牙还牙"，早在《汉穆拉比法典》中便有所体现。由于《摩西律法》中的部分内容与《汉穆拉比法典》中的内容类似，一些学者因此断定，希伯来人的法律是由巴比伦律法衍生而来。但是，也有其他专家指出，上述两套法律在本质上存在很大差异。

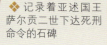

◆ 记录着亚述国王萨尔贡二世下达死刑命令的石碑

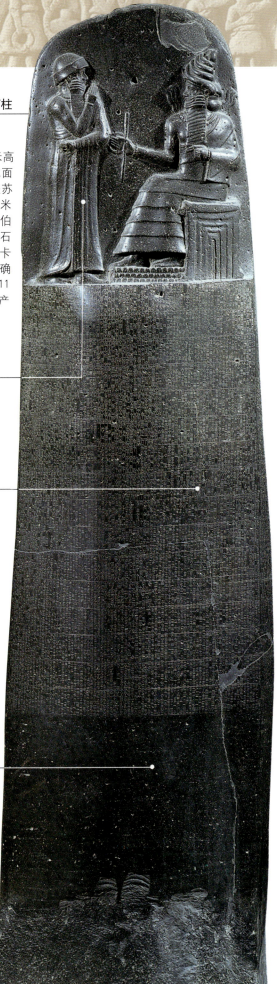

《汉穆拉比法典》石柱

《汉穆拉比法典》的演变

　　《汉穆拉比法典》原文刻在一段 2.25 米高的巨型石柱上，其顶部雕刻着国王汉穆拉比面向太阳神沙玛什站立的景象。沙玛什不仅是苏美尔城市拉伽什的主神，同时也是美索不达米亚众多部族所信奉的太阳神。事实上，在希伯来语中，"shamash"就是"太阳"的意思。石柱上《汉穆拉比法典》的大部分内容均由阿卡德楔形文字写成，其中，1 到 282 条法规明确了各种日常生活规则（13、66—99 和 110—111 条内容缺失）。它们在很大程度上为私有财产和商业问题划定了标准。

君权神授　石柱顶部浮雕刻画了太阳神沙玛什将法典授予汉穆拉比国王时的景象。美索不达米亚人民普遍认为，法律的制定是神的旨意。在《旧约》中，摩西是在西奈山上从上帝手中接过了律法。

主题　《汉穆拉比法典》的内容涉及盗窃、农业活动、财产损失、缔结婚姻，规定了家庭成员的责任、未成年人的权利、主人与奴隶的关系、杀人与伤害赔偿等多个方面。处罚结果也因犯罪者和受害者的类型而各不相同。

面向众人　《汉穆拉比法典》不允许人们在犯错后寻找借口或进行辩解。它向所有人公开，因此，谁都不能以不知晓该法律为借口。然而事实上，除了抄写员，当时很少有人会读写。

《汉穆拉比法典》与《圣经》中的律法　与《汉穆拉比法典》中的法规不同，《圣经》规定不再对犯下财产盗窃罪的人施以死刑，而是要求盗窃者补偿受害者以示对他们的惩罚。此外，汉穆拉比规定，对协助奴隶逃跑及窝藏在逃奴隶的人判处死刑，而《申命记》中则规定："不得将逃跑并求助于你的奴隶交还其主人。"在巴比伦，如果因房屋建造不良导致房屋所有者的儿子死亡，则必须处决建造者的儿子。与之相反，《圣经》中规定"父母不得为子女而死，子女亦不得为父母而死"。汉穆拉比根据社会等级区分了法律的适用范围；《申命记》中则规定"不得在审判时有失公允，既不能施惠于穷人，也不能取悦于富人。"

《汉穆拉比法典》中的法律条例

　　《汉穆拉比法典》未经系统化，内容包含刑事与民事两种性质的法律条例。以下是部分条例：

刑法

　　第1条"若一人指控另一人时无法提供证据，则控告者会被判处死刑"。

　　第25条"若他人房屋着火时，前去灭火的人趁机将屋主的某些财产据为己有，则此人应被投入火中"。

　　第229条"若一名建造师建造了一座房屋，后因建造不良造成房屋倒塌并导致屋主死亡，则该建造师应被处以死刑"。

　　第230条"若一名建造师建造了一座房屋，后房屋倒塌导致房屋所有者的儿子死亡，则建造师的儿子应被处以死刑"。

民法

　　第53条"若一个人因疏于加固造成堤防产生裂缝，并导致该地区被水淹没，则此人应偿还因其过失而遭到损毁的小麦。"

　　第131条"若丈夫在未抓到妻子通奸的情况下将其赶出家门，妻子可在神面前宣誓清白后返回家中"。

　　第134条"若一个男人入狱，家中没有食物，其妻子进入他人房屋寻找食物，则这名妻子不触犯通奸罪。"

　　第142条"若一个女人因为丈夫的过失而轻视他，则该女人无罪：她将索回嫁妆，并回到父亲家中。"

滚筒印章

　　自乌鲁克时期（前3300- 前3100年）开始，人们在美索不达米亚地区已广泛使用滚筒印章，上面刻有代表众神的图案和象征权力的标志，这些浮雕式图案可以印在黏土上。印章一般由石头、玻璃、赤铁矿、黑曜岩、滑石、紫晶和玛瑙制成。后来，由于青金石美丽的蓝色光泽，人们开始使用青金石制作印章。在许多墓穴的金银珠宝等贵重物品中，通常会发现一两枚滚筒印章。◆

阿卡德时期一枚滚筒印章上的浮雕图案

神话中的战斗

　　滚筒印章上刻画的场景往往是神话情节的再现，如左图印章，描绘了一名身处战车的弓箭手在遭到狮子攻击后射箭反击。浮雕两侧的铭文写道："冥神吉尔（Gir），即奈尔伽尔（Nirgal）的仆人卡利（Kalli）"。人们对狮子的恐惧与敬畏从狮子的体形上可见一斑。

国王的形象　在苏美尔诸多城邦中，君主的形象得以巩固。所有统治者都有一个共同目标，即统一所有城市，建立唯一的联邦政权。但是，这个目标从未实现过。

伊迪·伊路姆的滚筒印章，可以追溯到前2100年左右

国王的神化

　　乌鲁克时期的滚筒印章除了以宗教为主题，还会着重刻画社会、经济、战争和日常生活场景。在阿卡德时期（前2385年左右 - 前2215年），人们制造了大量以神话为主题的印章。至乌尔第三王朝时期（前2112- 前2004年），国王成为滚筒印章上的主要人物（见右图）。由于王权愈加集中，国王逐渐被神化。

承载历史的印章

　　古巴比伦时期（前2050- 前1595年）的图像以描绘神灵和守护神居多。然而，到了之后的时期（前1595- 前1100年），甚至在神话题材场景中也频频出现自然主义的图案（见下图）。

❖印章印出的以神话为题材的浮雕式图案，可以追溯到前2千纪

滚筒印章和它的模具，可以追溯到前2600年至前2400年

向众神献祭

　　部分印章的表面上刻有一段重复的雕带，可以不断延伸，比普通的印章更大，这样在一定程度上提高了印章的叙事能力和装饰性。为了方便运输和携带，人们会将滚筒印章的两端钻通，穿上链子，挂在脖子上。有些滚筒印章上刻画的场景十分写实，以左图为例，我们可以看到一群狮子正在攻击一位祭司。

巫术符号　在美索不达米亚印章中，有大量的非常抽象的几何符号。这些图案往往散布在人像或动物像之间，可能是一种巫术符号。

宗教信仰　从印章上可以看到，舞者们正在取悦国王。毫无疑问，国王的庆典是宗教仪式的一个环节，而音乐则是宗教仪式的基本要素之一。日常生活中充满了宗教崇拜，因此，所有印章，甚至是行政印章上，都刻有国王和神的庆祝场面。

日常用途　滚筒印章可用来密封器口上有黏土覆盖的罐子，也可以用来封门。一旦把印章附在器物或墙上，再用手拿开，器物或墙表面就会被印有印章的黏土覆盖。

充当签名　滚筒印章还可用来密封黏土球，球内装有用于计数的物件，详细记录商业贸易中所交换的各项商品。此外，自乌尔第三王朝开始，滚筒印章还可用来证实官方、法律和政治泥板文书的有效性，其功能与如今的签名相似。

考古学

　　19 世纪，西方列强面向非洲和亚洲的扩张不断升级，亚、非大陆的许多地区沦为殖民地，大部分关于近东的系统性研究正是在此时逐渐兴起的。通过有序搜寻，人们发现了大量遗址和宝藏。当然，这些考古成果大多被欧洲的博物馆收入囊中（目前大量文物仍收藏在欧洲的各个博物馆中）。关于古代近东的信息主要来源于泥板文书以及对各类文字的破译。许多带有两种或三种语言的泥板为学者们解读楔形文字提供了可能。◆

文字的起源　最初的象形符号是人们用锥子或刻刀制成的尖笔在泥板上雕刻而成。

1952年，来自芝加哥与宾夕法尼亚大学的人员前往伊拉克尼普尔

各类城墙

　　乌鲁克国王吉尔伽美什曾在其史诗中提及他与基什国王恩美巴拉格西（Enmebaragesi）之间的数次对战。人们普遍认为，是吉尔伽美什建造了苏美尔最古老的城墙——乌鲁克城墙。考古学家的相关证据似乎也证实了这一传说的真实性。此外，考古学还有证据表明乌鲁克国王对尼普尔的统治。尼普尔是当时的宗教中心，而非政治中心，在那里供奉着恩利尔神。考古学家在该地进行挖掘时需要在层层叠加的遗迹中辨别不同的地层，因为在漫长的几个世纪里该地曾几易其主。

米底长城　该城墙位于巴比伦北部、底格里斯河与幼发拉底河之间，是尼布甲尼撒为抵御米底人入侵而下令修建的，整座城墙长110千米，高32米，宽6米，于1837年被林奇（Lynch）发现。

东方学家亨利·克雷斯维克·罗林森（Henry Creswicke Rawlinson）的照片

"亚述学之父"

　　亨利·克雷斯维克·罗林森（1810–1895）不仅是一名英国军官、外交官，还是一位东方学家。在执行了多次政治任务后，罗林森在伊拉克首都巴格达定居。在那里，他投入大量时间钻研楔形文字。他发现，这些符号在不同的语境下有不同的读法。由其发现的重要材料为最终解读与破译楔形文字做出了巨大贡献。因此，罗林森又被称为"亚述学之父"。

《**吉尔伽美什史诗**》中写道："看它的外城墙，檐口宛如铜铸一般！再看内城墙，无与伦比！一步步向埃那神庙走去，那里是伊什塔尔的安歇之地。未来的每一位国王，每一个人，都不能与你匹敌。"

在叙利亚泰尔雷兰遗址发现的刻有楔形文字的青铜板

楔形文字

楔形文字是目前已知的最古老的书面表达形式，相关考古遗迹数不胜数。前4千纪末，苏美尔人创造了楔形文字。最初，这种文字更像一种系统化的象形符号。随着时间的推移，这些象形符号不断被简化，逐渐变得更加抽象，从而形成了所谓的楔形文字。

使用超过3000年 最初苏美尔人为记录自己的语言而创造了楔形文字。后来，阿卡德人、巴比伦人、埃兰人、赫梯人和亚述人纷纷采用这种书写形式记录各自的语言。楔形文字在美索不达米亚地区被广泛使用了3000多年。

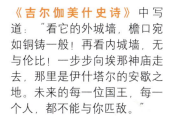

英国考古学家奥斯汀·亨利·莱亚德的肖像

奥斯汀·亨利·莱亚德先生

英国旅行家奥斯汀·亨利·莱亚德曾穿越幼发拉底河和底格里斯河，在前往锡兰的途中他听说在一些山谷下埋藏着古老宫殿的废墟。于是，他于1844年开始进行考古挖掘，让被遗忘的尼尼微遗产重新回到人们的视野之中。莱亚德收集了25000多块泥板，并将其悉数交给了大英博物馆。经过12年的钻研，他成功破译了楔形文字。

"阿拉伯的劳伦斯"

托马斯·爱德华·劳伦斯（Thomas Edward Lawrence，左图是他的照片）曾为英国处理近东殖民地事务出谋划策，又被称为"阿拉伯的劳伦斯"。可以说，殖民扩张是考古工作得到长足发展的前提。人们在开采石油或挖掘其他财宝的过程中，时常会意外地发现某处遗址。与劳伦斯一起开展工作的是英国考古学家伦纳德·伍利。

◆ "阿拉伯的劳伦斯"与伦纳德·伍利

永恒的巴比伦

　　古巴比伦城遗址位于如今的伊拉克巴比伦省，地处首都巴格达以南约 100 千米处。由于曾遭到多次侵袭，巴比伦历经了多次重建。其中，最后一次由美国和英国主导的入侵无疑最具破坏性。事实上，萨达姆·侯赛因政权在被推翻前，已根据当时最先进的考古标准，展开了对古巴比伦的重建工作，不仅致力于寻找遗迹碎片，更倾向于重建古代建筑景观。在萨达姆执政期间，伊什塔尔城门和游行大街的重建工作均已起步。◆

乌尔古城

　　乌尔城地处幼发拉底河与底格里斯河注入波斯湾的入海口附近，是美索不达米亚南部的一座古城。人们推测，乌尔城始建于公元前 4 千纪，是人类早期文明的摇篮。当时，乌尔城的居民已开始使用轮子与文字。乌尔遗址中，最引人注目的便是乌尔塔庙。它紧邻古城遗址，至今仍基本保存完好。乌尔塔庙于前 2100 年由国王乌尔纳姆下令建造，用于供奉女神南纳。该塔庙曾遭阿卡德人毁坏，后由那波尼德下令重建。

❖ **塔庙**　尽管乌尔塔庙距今已有4000年的历史，使用的建筑材料也并不先进，但目前仍然基本保存完好，且部分区域已经修复。该塔庙矗立于荒漠之中，高达21米

❖ **石阶**　南纳神庙有两层砖砌成的平台，上下两层的砖分别用砂浆和沥青黏合

重建后的尼布甲尼撒王宫周围的一段护墙

尼布甲尼撒二世王宫

　　那波帕拉沙尔攻陷了亚述都城尼尼微（前 612 年），终结了亚述政权，解放了巴比伦。作为那波帕拉沙尔国王的长子和继承人，尼布甲尼撒二世于前 605 年继任王位，一直统治到公元前 562 年。尼布甲尼撒二世在位期间征服了耶路撒冷和犹太王国，并在巴比伦城大兴土木，从某种程度上，可以说他是迦勒底王朝，即新巴比伦王朝最著名的统治者。人们将巴比伦"空中花园"的修建归功于他。据传说，尼布甲尼撒二世的妻子无比怀念故乡春天般百花齐放的美景，因此，尼布甲尼撒二世下令修建了空中花园，以此消除妻子的乡愁。不过，根据《圣经》的描述，尼布甲尼撒二世却是一位十分残暴的国王。

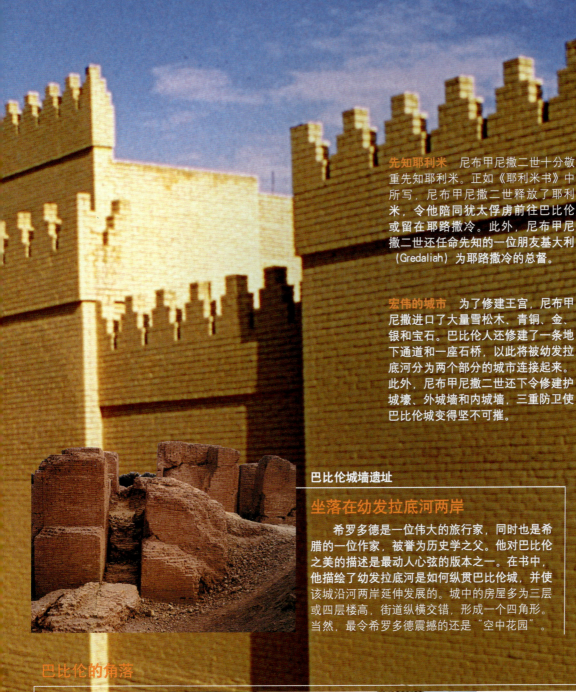

先知耶利米　尼布甲尼撒二世十分敬重先知耶利米。正如《耶利米书》中所写，尼布甲尼撒二世释放了耶利米，令他陪同犹太俘虏前往巴比伦或留在耶路撒冷。此外，尼布甲尼撒二世还任命先知的一位朋友基大利（Gredaliah）为耶路撒冷的总督。

宏伟的城市　为了修建王宫，尼布甲尼撒进口了大量雪松木、青铜、金、银和宝石。巴比伦人还修建了一条地下通道和一座石桥，以此将被幼发拉底河分为两个部分的城市连接起来。此外，尼布甲尼撒二世还下令修建护城壕、外城墙和内城墙，三重防卫使巴比伦城变得坚不可摧。

巴比伦城墙遗址

坐落在幼发拉底河两岸

　　希罗多德是一位伟大的旅行家，同时也是希腊的一位作家，被誉为历史学之父。他对巴比伦之美的描述是最动人心弦的版本之一。在书中，他描绘了幼发拉底河是如何纵贯巴比伦城，并使该城沿河两岸延伸发展的。城中的房屋多为三层或四层楼高，街道纵横交错，形成一个四角形。当然，最令希罗多德震撼的还是"空中花园"。

巴比伦的角落

　　游行大街（见右图）是古巴比伦最重要的街道，也是与宗教活动相关的建筑设施。该大街从南宫起，穿越伊什塔尔城门，之后向城市内部不断伸展。

　　1982年，萨达姆·侯赛因总统下令重建尼布甲尼撒王宫。由于这位伊拉克领导人就将自己的宫殿修建在古王宫旁边，致使尼布甲尼撒王宫在美国的轰炸行动中受到牵连，有所损坏。

　　前575年，尼布甲尼撒二世下令在城市北侧修建伊什塔尔城门（见右图）。萨达姆·侯赛因后来下令重建该城门，希望将其打造成通往新的伊拉克考古博物馆的大门。

博物馆中的美索不达米亚

　　美索不达米亚位于亚洲与地中海东部盆地之间一块肥沃的土地上，不断遭受各类入侵者的侵袭和破坏。每支入侵的军队都会摧毁沿路发现的一切，并将一些象征美索不达米亚考古财富的物品作为战利品据为己有。最后一次针对伊拉克的侵袭由美国和英国发起。在此次战争中，英美联军的高级指挥官蓄意纵容疯狂的抢掠行为，一些国际古董交易商也趁乱秘密掠夺伊拉克的古代文物。◆

卢浮宫博物馆

　　卢浮宫博物馆位于法国巴黎的卢浮宫内。作为欧美所有大型博物馆的先驱，卢浮宫是全球最重要的博物馆之一。在卢浮宫的中央庭院内，坐落着一座由玻璃和铝建造的独特金字塔，这便是博物馆的主入口。馆中收藏着许多来自近东的文物。

❖ 巴黎卢浮宫门前的玻璃金字塔和馆中收藏的一块刻有楔形文字的泥板

巴格达国家博物馆

　　自海湾战争（1991年）爆发以来，针对伊拉克宝藏的掠夺愈演愈烈，至英美联军攻占巴格达并洗劫巴格达博物馆时达到顶峰。从那以后，数以万计的艺术品开始出现在欧美的古代文物市场。据统计，最终丢失的文物约有20万件。

❖ 左图是沙尔曼纳萨尔三世（前858—前824年在位）的雕像，下图是遭到轰炸后的巴格达博物馆

肆意袭击

　　穆斯坦西里亚大学始建于13世纪，是世界上最古老的大学之一，在1991年的海湾战争中遭到破坏。此外，巴格达国家图书馆也在战争中被无缘无故地焚毁，令人叹息。图书馆内保存着大量中世纪时期的手稿。在巴格达国家博物馆遗失的诸多珍宝中，包含数以千计尚未破译的楔形文字泥板。

❖ 美军向巴格达国家博物馆投掷炸弹时的图像

下图是大英博物馆，左图是
乌尔纳姆国王的一枚滚筒印章。

大英博物馆

　　大英博物馆的古代文物部门收藏了许多美索不达米亚地区至关重要的艺术品。除了国王与众神的雕塑和墓碑等相关器物，还收藏着刻有不同类型文字的泥板。

叙利亚大马士革国家博物馆

　　叙利亚大马士革国家博物馆里收藏了大量马里、埃勃拉、乌加里特、巴尔米拉、哈马及其他美索不达米亚城市的珍品。在其旁边的是碑刻博物馆，里面收藏着许多古老的铭文。这两个博物馆均坐落在一所15世纪美丽的穆斯林宗教学校中。

❖ 右图是苏美尔时期的一座雕塑，刻画了一个祈祷者的形象，可以追溯到前2400年左右；上图是大马士革博物馆的正面图

柏林国立博物院

　　德国首都所有的博物馆珍藏都汇集在柏林博物馆岛上，柏林国立博物院便位于岛上十分显眼的位置。其中，小亚细亚与近东分馆里藏有大量文物。这些文物不仅拥有巨大的考古价值，还为相关的考古研究提供了系统而全面的信息。此外，博物院下的图书馆也值得一观。那里收藏着多块刻有不同语言的美索不达米亚泥板，是博物院不可多得的文化遗产。

❖ 左图是卡尔胡 阿淑尔纳西尔帕二世王宫前的狮身人面像；旁边是柏林国立博物院的图景

纪年表

在对美索不达米亚地区进行考古挖掘的过程中，考古学家发现了一些泥板文书，上面按时间顺序用楔形文字记录了巴比伦历代国王的名字。巴比伦王国对美索不达米亚文明至关重要，所以人们便以巴比伦君主统治时期为主线制定了相应的年历。并非所有朝代和国王都掌握着统治巴比伦的权力，其中部分国王同时在位且互相征战。最初的统治者被赋予了神的特质，与神话人物难以区分，也因此而淹没在时间的长河里。所谓的"巴比伦王表"实际上是美索不达米亚人民自己制定的年表。❖

❖ **吉尔伽美什** 苏美尔神话中的人物（左图），被巴比伦人民纳入万神殿中供奉。

前12000年

旧石器时代，狩猎与采集活动开始被农耕取代，人们逐渐走向定居生活。诸如纳吐夫的小型村落不断繁衍。随后，人们学会了驯养狗，并用其协助放牧。当时，编织艺术逐渐发展，但陶瓷生产尚未出现。

前7000年

在步入新石器时代的过程中，犁的产生与应用极大地促进了农业发展。人们开始造船、制陶、烧砖、炼铜并制造印章。神庙和宗教活动中心也逐渐形成。欧贝德、萨马拉、哈拉夫和加泰土丘等新兴村落萌生，并逐渐发展为日后的城市中心。此外，早期的灌溉工程也见雏形。

前4000年

这一时期，高拉和乌鲁克等重要城市中心与围墙城市逐渐发展起来，并开始在美索不达米亚地区争夺霸权。人们成功驯养了驴，动物拉撬也不断演化发展。早期建设的宏伟神庙诞生。此外，人们还掌握了失蜡技术，开始生产基本的金属容器，使用铅和砷铜，将金和银作为交换媒介，并创造了文字。

前3000年

尼尼微成为霸权中心。人们开始建造乌尔王陵等大型陵园。美索不达米亚地区逐渐受到古埃及的影响。此外，该时期的重要事件还包括：伊朗地区的人们成功驯养了骆驼；大洪水传说的流传；金属斧和金属刀出现；镀锡青铜的使用；楔形文字不断演化传播；众多城邦建立。

前2500年

该时期的重要事件包括：乌尔城邦的霸权统治；阿摩利人的早期入侵；商港迪尔蒙的发展；辐条轮的发明以及此种轮式车辆在运输和战争中的应用；马笼头的使用；原始字母的形成；马的普遍驯养与应用；塔庙的修建；巴比伦城的发展等。此外，该时期城邦间的联盟预示着早期帝国的形成。

前2000年

巴比伦第一王朝

苏姆阿布姆（Sumu-abum，前1894—前1881年在位）
苏姆拉埃尔（Sumu-la-El，前1880—前1845年在位）
萨比乌姆（Sabium，前1844—前1831年在位）
阿皮尔·辛（Apil-Sin，前1830—前1813年在位）

❖ **金银器工艺** 美索不达米亚艺术的发展与宗教信仰密切相关，右图祭酒用的金杯就是很好的例证，可以追溯到前2500年。

巴比伦，在灰烬中重生
巴比伦的衰落与复兴

　　巴比伦的起源要追溯至阿卡德时期。前18世纪，巴比伦仅是乌尔第三王朝的一个省会城市，然而，到了阿摩利人汉穆拉比国王统治期间（前1792－前1750），它一跃成为整个美索不达米亚北部的都城。前1595年，赫梯人将巴比伦城夷为平地，巴比伦第一王朝结束。随后，加喜特人占领并统治了巴比伦城。前1千纪，亚述人将统治巴比伦城作为目标，彼时巴比伦的声誉和财富已家喻户晓。因此，迦勒底人与阿拉米人也对巴比伦虎视眈眈。不过，亚述人想占领巴比伦也并非易事，前689年，亚述人辛那赫里布摧毁了巴比伦城，但随后，其继任者阿萨尔哈东又重建了巴比伦。最终，那波帕拉沙尔（前625－前605年在位）率军打败了亚述人。在那波帕拉沙尔和其子尼布甲尼撒二世的统治下，巴比伦恢复了往日的辉煌。

❖ **君主**　那兹·玛鲁塔什（Nasi－Marutash）是加喜特王朝的一位国王，于前1307－前1282年统治巴比伦。左图是刻在一根玄武岩石柱上的那兹·玛鲁塔什的浮雕像，月亮、太阳和星星高悬在他的头顶上方。

辛·穆巴里特（Sin－mub－allit，前1812－前1793年在位）
汉穆拉比（Hammurabi，前1792－前1750年在位）
萨姆苏·伊路那（Sam－suiluna，前1749－前1712年在位）
阿比·埃苏赫（Abi－esub，前1711－前1684年在位）
阿米狄塔那（Ammidi－tana，前1683－前1647年在位）
阿米萨杜卡（Ammisa－duqa，前1646－前1626年在位）
萨姆苏·狄塔那（Sam－su－Ditana，前1625－前1595年在位）

前1500年
巴比伦第二王朝
该王朝实际上统治的是美索不达米亚南部地区，不包括巴比伦城。

伊鲁马·伊鲁姆（Ilu－ma－llu，？－前1720年在位）
伊提·伊利·尼比（It－ti－lli－nibi，？）
达米克·伊利舒（Da－miq－ilishu，？）
伊什基巴勒（Ishkibal，？）
舒舒·什（Shushushi，？）
古勒基沙尔（Gulkishar，？）

派什伽勒达拉美什（Peshgaldaramash，？）
阿雅达拉伽拉玛（Ada－rakalama，？）
阿库尔图安纳（Akurdua－na，？）
迈拉姆库尔库拉（Ma－lamkurkura，？）
埃阿·伽米勒（Ea－ga－mil，？－前1460年在位）

巴比伦第三王朝（加喜特王朝）
前九位君主并未统治巴比伦，只是加喜特部族的部落首领。但是，考虑到他们的世系，巴比伦人也将其纳入了"列王表"。

甘达什（Gandash，？－前1729年在位）
阿贡一世（Agum Ⅰ，？）
卡什提里亚什一世（Kashtiliash Ⅰ，？－前1660年在位）
贾夫拉（Kefren，前2500－前2494年在位）
乌尔兹古如玛什（Urzi－gurumash，？）
阿贡二世（Augum Ⅱ，？－前1550年在位）
布尔那布里亚什一世（Burna－Buriash Ⅰ，前1530－前1500年在位）

巴别塔建在那里吗?
独特的多语言之城

幼发拉底河将巴比伦城一分为二。有一座桥连接着两岸，桥由石柱支撑，象征水与船只。1817—1899 年，考古学家罗伯特·科尔德威（Robert Koldewey）对巴比伦城东部进行了考古挖掘，并在后期成功复原了该城的设计图。在巴比伦城的中心，即幼发拉底河河岸，坐落着塔庙与马尔杜克神庙。科尔德威还发现了一道很深的壕沟，里面有烧砖的残骸，这仿佛印证了以往的一个传说，那就是，巴比伦城曾有一座传奇的巴别塔，它不仅存在于巴比伦神话中，就连《圣经》神话也有提及。在《圣经》中，巴别塔又被称为"埃特梅南奇"。巴别塔影射的人类语言的多样性或许是美索不达米亚地区多语言的现实写照。

❖ 金与青金石合制的匕首
发现于乌尔王陵遗址，可以追溯到前2600年左右。金属加工工艺的进步是美索不达米亚文明发展的决定性标志。

乌兰·布里亚什（Ulam-Buriash，?—前1460年在位）

阿贡三世（Agum Ⅲ，?）

卡拉因达什（Karaindash，?）

卡达什曼·哈尔伯一世（Kadashman-Harbe，?）

库瑞噶尔祖一世（Kurigalzu Ⅰ，?）

卡达什曼·恩利尔一世（Kadashman-Enlil Ⅰ，前1374—前1360年在位）

布尔那布瑞亚什二世（Burna-Buriash Ⅱ，前1359—前1333年在位）

卡拉·哈尔达什（Kara-Hardash，?—前1333年在位）

那兹·布噶什（Nasi-Maruttash，?—前1333年在位）

库瑞噶尔祖二世（Kurigalzu Ⅱ，前1332—前1308年在位）

那兹·玛鲁塔什（Nasi-Marutash，前1307—前1282年在位）

卡达什曼·图古尔（Kadashman-Turgu，前1281—公元1264年在位）

卡达什曼·恩利尔二世（Kadashman-Enlil Ⅱ，前1263—前1255年在位）

库杜尔·恩利尔（Kudur-Enlil，前1254—前1246年在位）

沙噶拉克提·舒瑞亚什（Shagarakti-Shuriash，前1245—前1233年在位）

卡什提里亚什四世（Kashtiliash Ⅳ，前1232—前1208年在位）

恩利尔·那丁·舒米（Enlil-nadin-shumi，?—前1224年在位）

卡达什曼·哈尔伯二世（Kadashman-Harbe Ⅱ，前1233年在位）

阿达德·苏姆·伊丁那（Adad-shum-idina，前1222—前1217年在位）

阿达德·苏姆·乌苏尔（Adad-shum-usur，前1216—前1187年在位）

美里·什帕克（Meli-shipak，前1186—前1172年在位）

马尔杜克·阿普拉·伊丁那一世（Marduk-apla-iddina Ⅰ，前1171—前1159年在位）

恩利尔·那丁·阿黑（Enlil-nadin-aji，前1157—前1155年在位）

巴比伦第四王朝（伊辛王朝）
马尔杜克·卡比特·阿海舒（Marduk-kabit-aheshu，前1157—前1140年在位）

伊提·马尔杜克·巴拉图（Itti-Marduk-balatu，前1139—前1132年在位）

尼努尔塔·那丁·舒米（Ninurta-nadin-shumi，前1131—前1126年在位）

尼布甲尼撒一世（Nabu-codonosor Ⅰ，前1125—前1104年在位）

恩利尔·那丁·阿普利（Enlil-nadin-apli，前1103—前1100年在位）

马尔杜克·那丁·阿海（Marduk-nadin-ajhe，前1099—前1082年在位）

马尔杜克·沙皮克·泽瑞（Marduk-shafik-zeri，前1081—前1069年在位）

阿达德·阿普拉·伊地那（Adad-apla-iddina，前1068—前1047年在位）

马尔杜克·阿海·埃瑞巴（Marduk-ajhe-eriba，前1046年在位）

马尔杜克·泽尔（Marduk-zer，前1045—前1034年在位）

那布·舒穆·里布尔（Nabu-shumu-libur，前1033—前1026年在位）

巴比伦第五王朝（海地王朝）
西姆巴尔·什帕克（Simbar-Shipak，前1025—前1008年在位）

埃阿·穆金·泽瑞（Ea-mukin-zeri，前1008年在位）

卡什舒·那丁·阿海（Kashu-nadin-ajhe，前1007—前1005年在位）

❖ 女神　下图是前21—前16世纪掌司生育、丰收的女神，展示了美索不达米亚文明的一个阶段。在此期间，人类的定居生活意味着从母权制向父权制的过渡。

巴比伦第六王朝（巴兹王朝）
埃乌尔玛什·沙金·舒米（Eulmash-shakin-shumi，前1004—前988年在位）

尼努尔塔·库杜瑞·乌苏尔一世（Ninurta-kudurri-usur Ⅰ，前987—前985年在位）

什瑞克提·舒卡穆纳（Shirikti-Shucamuna，前985年在位）

巴比伦第七王朝（埃兰王朝）
玛尔·比提·阿普拉·乌苏尔（Mar-biti-apla-usur，前984—前979年在位）

巴比伦第八王朝
那布·穆金·阿普利（Nabu-mukim-apli，前978—前943年在位）

巴比伦第九王朝
尼努尔塔·库杜瑞·乌苏尔二世（Ninurta-kudurri-usur Ⅱ，前943年在位）

玛尔·比提·阿海·伊地那（Mar-biti-ajhe-iddina，前942—前920年在位）

沙马什·姆达米克（Shamash-mudammik，前920—前900年在位）

那布·舒玛·乌金一世（Nabu-shuma-ukim Ⅰ，前900—前888年在位）

那普·阿普拉·伊地那（Nabu-apla-iddina，前888—前855年在位）

马尔杜克·扎基尔·舒米一世（Marduk-zakir-shumi Ⅰ，前855—前819年在位）

马尔杜克·巴拉苏·伊克比（Marduk-balassu-ikbi，前819—前813年在位）

巴巴·阿哈·伊丁那（Baba-aha-iddina，前813—前

国王辛那赫里布的复仇
巴比伦在亚述人手中衰落

前694年，亚述国王辛那赫里布发动战争攻打迦勒底人和埃兰人。亚述人乘坐着腓尼基人的船，穿过底格里斯河与幼发拉底河，打败了迦勒底人。然而，埃兰人奋力反击，驱逐了亚述人，并将当时的巴比伦国王阿淑尔·那丁·舒米（Asur-nadin-shumi）赶下了台。随后，辛那赫里布重整军队，向巴比伦进发，围困了巴比伦长达13个月。前689年，巴比伦城向亚述投降。辛那赫里布对抵抗者实行了残酷的报复。他推倒城墙，掠夺财宝，毁坏神像，拆毁神庙和宫殿，甚至还下令挖掘沟渠，引水将整座城市淹没。此外，他还掳走了大量巴比伦人充当奴隶。前681年，辛那赫里布被其子阿尔达·穆里西（Arda Mulissi）杀害。许多人都认为，辛那赫里布的死正是对他摧毁巴比伦的惩罚。

811年在位）

尼努尔塔·阿普拉·X（-Ninurta-apla-x，前800-前790年在位）

马尔杜克·贝尔·泽瑞（Marduk-bel-zeri，前790-前780年在位）

马尔杜克·阿普拉·乌苏尔（Marduk-apla-usur，前780-前769年在位）

埃瑞巴·马尔杜克（Eri-ba-Marduk，前769-前761年在位）

那布·舒玛·伊什库恩（Nabu-shuma-ishkum，前761-前748年在位）

巴比伦第十王朝

那布·那西尔（Nabonas-sar，前748-前734年在位）

那布·那丁·泽瑞（Na-bu-nadin-zeri，前734-前732年在位）

那布·舒玛·乌金二世（Nabu-shuma-ukin Ⅱ，前732年在位）

巴比伦第十一王朝（亚述王朝）

那布·穆金·泽瑞（Na-bu-mukin-zeri，前732-前729年在位）

提格拉特帕拉沙尔三世（Pulu-Tiglath Pileser Ⅲ，前729-前727年在位）

萨尔玛那萨尔五世（Ulu-layu-Salmanasar，前727-前722年在位）

马尔杜克·阿帕尔·伊地那二世（Marduk-apal-idina Ⅱ，前722-前710年在位）

萨尔贡二世（Sargón Ⅱ，前710-前705年在位）

辛那赫里布（Senaquerib，前705-前703年在位）

马尔杜克·扎基尔·舒米二世（Marduk-zakir-shumi Ⅱ，前703年在位）

马尔杜克·阿帕尔·伊地那二世（Marduk-apal-idina Ⅱ，前703年在位）

贝尔·伊博尼（Bel-ibni，前703-前700年在位）

阿淑尔·那丁·舒米（As-hur-nadin-shumi，前700-前694年在位）

内尔伽尔·乌塞吉布（Nergal-ushezib，前694-前693年在位）

穆塞吉布·马尔杜克（Mushezib-Marduk，前693-前689年在位）

辛那赫里布（Senaquerib，前689-前681年在位）

阿萨尔哈东（Asarhadon，前681-前669年在位）

亚述巴尼拔（Asurbanipal，前668年在位）

沙马什·舒姆·乌金（Shamash-shum-ukin，前668-前648年在位）

坎达拉努（Kandalanu，前647-前627年在位）

巴比伦第十二王朝（新巴比伦王国或迦勒底王国）

那波帕拉沙尔（Nabopola-sar，前625-前605年在位）

尼布甲尼撒二世（Nabuco-donosor Ⅱ，前605-前562年在位）

以未米罗达（Evil-Mero-dak，前562-前560年在位）

涅里格利沙尔（Nerigli-sar，前560-前556年在位）

拉巴施马尔杜克（Labas-hi-Marduk，前556年在位）

那波尼德（Nabónido，前556-前539年在位）

前539年，波斯国王居鲁士大帝（Ciro Ⅱ el Grande）占领了巴比伦。巴比伦从此再也不是一个独立的国家。占领巴比伦的国王往往在其头衔中纳入"巴比伦国王"的称号。

巴比伦的波斯国王

冈比西斯二世（Cambises Ⅱ，前539-前538年在位）

居鲁士大帝（Ciro Ⅱ el Grande，前539-前538年在位）

冈比西斯二世（Cambises Ⅱ，前530-前522年在位）

尼布甲尼撒三世（Nabuco-donosor Ⅲ，前522年在位）

尼布甲尼撒四世（Nabuco-donosor Ⅳ，前521年在位）

大流士一世（Daríol，前521-前485年在位）

贝尔·史玛尼（Bel-shi-mani，前484年在位）

沙玛什·俄日巴（Sha-mash-eriba，前482年在位）

薛西斯一世（Jerjes Ⅰ，前486-前481年在位）

尼丁·贝尔（Nidin-bel，前336年在位）

◆ **阿摩利女神** 随着阿摩利人不断入侵美索不达米亚，阿摩利各游牧部族逐渐吸收了被征服者的宗教文化。在占领巴比伦后，阿摩利人开始信奉马尔杜克神。

术语表

《汉穆拉比法典》

历史上第一部成文法典，由汉穆拉比国王主持编撰，与现代法的法律意义相比，更符合判例法的范畴。其首要目的是规范人们的社会活动，但与此同时也削弱了祭司阶层的权力。

阿基图

阿基图节与季节的变换相对应，人们每年都会在城外的阿基图神庙中举行庆祝仪式。其中最著名的就是年底在巴比伦举行的庆典。考古学家在哈兰、特尔卡、尼尼微、阿贝拉、阿淑尔、西帕尔、迪勒巴特和乌鲁克古城遗址中均发现了阿基图神庙的遗迹。

阿卡德

阿卡德是位于幼发拉底河岸的城市和地区，地处美索不达米亚最狭窄的地带。同时，阿卡德也是萨尔贡大帝（前27世纪）统治下的阿卡德帝国的都城。

阿普卡尔

根据迦勒底传说，阿普卡尔是七大圣贤之一，存在于宇宙大洪水之前。人们往往会在建筑物的地下或门下埋放阿普卡尔的泥塑以辟邪。

阿契美尼德王朝

大约在前559–前330年统治中东地区的王朝，从居鲁士大帝到大流士三世（Darius Ⅲ），有多位波斯国王当政。

阿维鲁

根据《汉穆拉比法典》，阿维鲁属于"自由人"阶层。

曾安纳库母

一种由古亚述商人从阿淑尔城带到安纳托利亚地区的金属，往往用来充当交换媒介。可能由锡制成。

埃兰线形文字

埃兰人使用的一种音节文字，多出现在石碑、神庙和纪念碑的铭文中，可以追溯到前2200年前后。

巴拉税

乌尔第三王朝时期美索不达米亚南部城市实施的税收和再分配体系。

贝尔

在阿卡德语中意为"主人""领主""先生"或"国王"，同时也是对马尔杜克神的尊称。

贝尔比提

对部落首领的称呼。

比特堡

亚述帝国时期国王的儿子居住的宫殿被称为比特堡，也被称作"继承者之宫"。

布拉

用于固定印章接口的黏土块。

大流士

大流士（前522–前485年在位）及继任的阿契美尼德统治者在位时铸造的一种金币，上面刻有王室弓箭手的浮雕图案。

迪尔蒙

迪尔蒙是波斯湾上的岛屿和地区，曾是一个重要的王国。该岛目前被认为是巴林酋长国。

地层学

主要是对考古层的研究。

在考古遗址中，往往一层堆积一层，最下方的物品不断被新的沉积物所覆盖。

恩

在苏美尔语中意为"大祭司""君主""主人"或"领主"，是古代苏美尔诸城（尤其是乌鲁克）对国王的称呼。

恩西

苏美尔语中意为"统治者"，是众城邦各统治者的称呼。

古恩马达

乌尔第三王朝时期向士兵缴纳的年税，通常是上缴动物。

哈札拉帕蒂什

波斯阿契美尼德王朝的最高官员，同时也是军队的千夫长。

海上民族

前13世纪至前12世纪来自埃及的入侵者。他们掀起了更加广泛的民族和部落运动，该运动导致安纳托利亚、近东和爱琴海的众多城市和王国遭到破坏。

黑曜岩

一种天然的玻璃质火山岩，用于切割和制造工具，有时也用于制作容器和金银器。

吉帕鲁

苏美尔语中对大祭司住所的称呼。在乌尔使用尤为广泛，有时也用于指代奈尔伽尔女神庙。

金石学

主要是对古代铭文的研究。

近东

与地中海东部盆地接壤的地区。

卡鲁姆

阿卡德语中特有的词汇，指贸易集市或码头。通常用来称呼亚述商人在安纳托利亚地区建立的商业区。

库杜如

阿卡德语，指记录王室土地赐封情况的文书。通常情况下是一座石碑，上面刻有关于土地赐封的详细信息以及确保协议履行的神灵像。库杜如还是标记领土边界的界碑。此外，库杜如还有"儿子"的含义，在一些国王的名字中可见。例如，"Nabu–kudu–rri–usur"（纳布·库杜如·乌苏尔），他更为人熟知的名字是尼布甲尼撒。

拉玛苏

象征守护者，也用来指安放在波斯阿契美尼德和亚述建筑入口处的半人半兽巨型石像。

里姆辛

乌鲁克时期使用的具有方形截面的矩形砖。

米格多勒神庙

位于近东地区具备防御塔的神庙。

名年官

亚述的一种官职，任期为一年。

穆什根努

根据《汉穆拉比法典》，穆什根努是三大社会阶级之一，即普通平民，其他两个阶级分别是阿维鲁和瓦尔都。

内殿

神庙中用于供奉神像的房间。

尼尼微

前3000—前2500年美索不达米亚北部一种经雕刻切削而成的彩陶。该类陶瓷发现于尼尼微古城遗址，因而得名。

匹托格莱玛

指中东地区的野驴，后来被人类驯养。

切割工艺

一种在物体，尤其是陶器表面雕刻图案的装饰技艺。

日历

古代近东的日历因地区而异并随时间不断变化，许多美索不达米亚城市的日历从春季开始，共分为12个月或13个月。在部分地区，月份有固定天数；在另一些地区，则以朔望月为基准，每月始于第一次看到满月。由于一个回归年的天数比12个朔望月要多，人们便在日历中增加了插月，因此每隔3年，日历中就包含13个月。

沙雷舍

阿卡德语，意为"头目之一"，用来称呼亚述宫廷的宦官。

砂浆

涂抹在陶器表面的一层薄薄的细黏土，旨在减少孔隙率对陶器的影响。

上海

指地中海。

施无畏印

一种佛教手印，意为使众生心安，无所畏怖。

石碑

石碑通常是为了向统治者致敬而立，上面往往刻有各类铭文与图案。

苏西神庙

乌拉尔图常见的一类神庙。庙身呈塔状，方形，带有单室。

列王表

包含各个国王的姓名及其对应统治时期的列表。其中，最重要的是苏美尔王表。它记录了从宇宙大洪水发生之前的神话时期到伊辛—拉尔萨时期，统治美索不达米亚南部的所有王朝。此外还有亚述王表，记录了从前2000年之前至该帝国末期的所有亚述统治者。

图尔塔努

亚述宫廷的高级官员，相当于"总理大臣"或"元帅"。

瓦尔都

指《汉穆拉比法典》中的"奴隶"。

斯特沙什

阿卡德语，意为"日出"。在埃兰，相当于"黎明"。

塔庙

阿卡德语，指一种阶梯式的金字塔神庙。国王通常在塔庙的顶端举行最重要的宗教活动。

王朝

王朝是对国王谱系的一种概括，同一王朝的列王通常属

于同一家族。然而，这一术语有时也适用于同一城市或族系的统治者。

卢伽尔

苏美尔语中的"国王"。更确切地说，意为"伟大的人"。

卢维语

前2—前1千纪在安纳托利亚地区使用的语言，通常用赫梯的象形文字书写。

马利库姆

阿卡德语，意为"参赞"，也有"大使"的含义。在埃勃拉，相当于"君主"的意思。

梅鲁哈

前3—前2千纪的术语，指一个位于苏美尔以东、需要穿过波斯湾才能抵达的国家。前1千纪，梅鲁哈对应努比亚。在希伯来语中，梅鲁哈通常指"王国"。

巫师

美索不达米亚许多城市中负责驱邪的祭司。

下海

指波斯湾。

斜坡

位于防御墙底部，平整且几经粉刷过的斜坡是青铜时期近东区域的一大特色。

亚述

美索不达米亚北部地区，位于如今的伊拉克，是亚述帝国文明的摇篮。

亚述学

指主要通过楔形文字对古代美索不达米亚进行的研究。

象形文字

一种文字，其所包含词语或音节的符号大部分都可以辨认。其中，埃及与赫梯人的象形文字最为重要。象形文字的破译要归功于让·弗朗索瓦·商博良（Jean-F. Champollion）对罗塞塔石碑的研究。

楔形文字

楔形文字是美索不达米亚及其周边地区刻写在泥板上的一种文字。人们用尖锐物在尚未风干的泥板上留下楔形印记，从而形成了一系列字符。"楔形文字"这一术语源于"cuneas"，在拉丁语中意为"钉"。

宇宙大洪水

苏美尔与巴比伦神话中均提及众神为惩戒人类所犯恶行而引来洪水毁灭人类的故事。在众神的帮助下，只有朱苏德拉及其家人坐上方舟，幸免于难。在巴比伦神话中，朱苏德拉又被称作乌特纳比西丁（Utanapistim）。《旧约》也收录了这段美索不达米亚传说：在《创世记》中，诺亚（Noé）及其家人因乘坐方舟而幸免于难。

造粒工艺

金属造粒技术是一种将黄金细珠焊接在金银器表面作为装饰的工艺。考古学家在乌尔王陵中发现了大量此类工艺品。

总督

南美索不达米亚最高法院的成员。前2千纪初，成为对埃兰国王的称呼。